MONNAIES ROYALES

DE LA LYDIE

PAR

FRANÇOIS LENORMANT

PARIS

LIBRAIRIE DE MAISONNEUVE ET Cie

25, QUAI VOLTAIRE, 25

1876

MONNAIES ROYALES

DE LA LYDIE

Première époque.

RÈGNE DE GYGÈS (701-663 av. J.-C.).

POIDS DU SYSTÈME LYDO-PHÉNICIEN.

1. Surface striée, sans empreinte de coin monétaire.

℟. Carré creux résultant de l'impression de trois poinçons, dont un rectangulaire allongé entre deux de forme carrée ; dans l'empreinte centrale allongée on voit en relief, au fond du creux, un renard courant ; dans le petit carré de gauche, une tête d'animal, de cheval ou de biche ; dans celui de droite, une fleur à quatre pétales vue d'en haut.

Electrum ; lingot ovale et globuleux.

Poids : 14 gr. 19 (bien conservé). Statère.

Vu en 1860 à Smyrne, chez M. Mavrogordatos.

2. Même surface.

℞. Carré creux semblable; le renard du poinçon central très-visible : les deux symboles des poinçons latéraux indistincts.

Electrum; lingot ovale et globuleux.

Poids : 10 gr. 80. Pièce de $^3/_4$ statère.

Musée Britannique. Pl. VIII, n° 1.

3. Surface striée de raies noires nombreuses, plus larges et plus profondes, sans empreinte de coin monétaire.

℞. Carré creux résultant de l'impression de deux poinçons carrés, irréguliers et mal venus; dans celui de gauche, le plus grand, on distingue les vestiges d'un renard en relief; le symbole que devait offrir celui de droite, plus petit, n'est pas reconnaissable.

Electrum; lingot globuleux et de forme moins allongée.

Poids : 6 gr. 85 (usé). Hémistatère.

Musée Britannique. Pl. VIII, n° 2.

4. Surface pareille à celle des n°ˢ 1 et 2.

℞. Double carré creux, résultant de l'impression de deux poinçons carrés à surface brute et irrégulière.

Electrum; petit lingot ovale et globuleux.

Poids : 2 gr. 39. Hecté ($^1/_6$ statère).

Musée Britannique. Pl. VIII, n° 3.

5. Même surface.

℞. Même carré creux.

Electrum; très-petit lingot ovale et globuleux.

Poids : 1 gr. 18. Hémihecté ($^1/_{12}$ statère).

Cabinet de France, collection de Luynes.

Brandis, *Das Münz Mass und Gewichtswesen in Vorderasien bis uuf Alexander den Grossen*, p. 402, n° 7.

Deuxième époque.

RÈGNE D'ARDYS (663-624 av. J.-C.).

POIDS DU SYSTÈME LYDO-PHÉNICIEN.

6. Carré délimité par des traits et divisé par deux autres traits croisés en quatre carrés égaux, dans chacun desquels une fleur à quatre pétales vue d'en haut.

℞. Double carré creux résultant de l'impression de deux poinçons carrés à surface brute et irrégulière, celui de droite plus
petit.

Electrum ; lingot ovale et globuleux.

Poids : 4 gr. 60 (ayant perdu par le frai). Trité (¹/³ statère).

Musée Britannique. Pl. VIII, n° 4.

7. Fleur à quatre pétales vue d'en haut, dans un carré délimité par
quatre traits.

℞. Carré creux résultant de l'impression d'un poinçon à surface
brute et irrégulière.

Electrum ; petit lingot globuleux.

Cabinet de France : 2 gr. 24 (usée). Ex. autrefois en ma possession : 2 gr. 30 (usé). Hecté.

Troisième époque.

RÈGNE DE SADYATTE? (624-614).

POIDS DU SYSTÈME LYDO-PHÉNICIEN.

8. Partie antérieure d'un lion la gueule béante, d'un style rude et fort
archaïque.

℞. Carré creux pareil à celui du n° 1 ; dans l'empreinte du poinçon
central oblong, on discerne les traces du renard ; les symboles des
deux poinçons carrés sont indistincts.

Electrum ; lingot ovale et globuleux.

Poids : 14 gr. 11 (a un peu perdu par le frai). Statère.

Musée Britannique. Pl. VIII, n° 6.

9. Même type.

℞. Double carré creux résultant de l'impression de deux poinçons
carrés à surface brute et irrégulière.

Electrum ; petit lingot globuleux et moins allongé.

Poids : 2 gr. 31. Hecté.

Collection Rauch. Brandis, p. 402, n° 6.

Quatrième époque.

RÈGNE D'ALYATTE (614-558).

POIDS DU SYSTÈME LYDO-PHÉNICIEN.

10. Lion d'un très-grand style asiatique, couché à gauche et retournant

la tête vers la droite, avec la gueule béante dans un encadrement carré en damier.

℞. Carré creux analogue à celui du n° 1, mais où les trois poinçons, irrégulièrement frappés et mal venus, ne laissent plus voir leurs symboles.

Electrum ; flan ovale et globuleux, fort irrégulier.

Cabinet de France : 14 gr. 076. Musée Britannique : 14 gr. 10. Pl. VIII, n° 8, d'après l'exemplaire de Paris. Statère.

Mionnet, *Recueil des planches*, pl. X, n° 1 ; F. Lenormant, *Monnaies des Lagides*, pl. VIII, n° 7 ; Brandis, p. 394, *Miletos*, n° 1.

11. Lion dans la même attitude.

℞. Double carré creux résultant de l'impression de deux poinçons carrés ; dans le fond d'une des deux empreintes, on distinguait un astre en relief sur l'exemplaire de la collection Ivanoff.

Electrum ; flan globuleux et irrégulier, un peu allongé.

Cabinet de France : 4 gr. 68. Ancienne collection Ivanoff : 4 gr. 72. Trité.

Catalogue Ivanoff, n° 264 ; Brandis, p. 394, *Miletos*, n° 3.

12. Lion couché à droite, retournant la tête à gauche, la queue relevée.

℞. Carré creux analogue à celui du n° 1 ; le poinçon central, oblong, est divisé en deux parties ; dans l'une on voit une tête de renard, dans l'autre un symbole indistinct comme ceux des deux poinçons latéraux carrés.

Électrum ; lingot ovale et globuleux.

Poids : 13 gr. 94 [1] (usée). Statère.

Musée Britannique. Pl. VIII, n° 7.

Brandis, p. 402, n° 2 ; inexactement décrite comme présentant au droit une Chimère couchée.

13. Même type ; la gueule du lion est béante.

℞. Carré creux offrant dans les empreintes de ses trois poinçons les mêmes images qu'au n° 1, très-distinctes ; dans le central, oblong, il y a une sorte de feuille bilobée devant le museau du renard, qui marche au lieu de courir, et les bords sont dentelés ;

---

[1] Mes pesées des pièces du Musée Britannique sont légèrement différentes de celles de Brandis. Mais je crois pouvoir les donner comme tout à fait sûres, car M. R. Stuart Poole a eu l'extrême obligeance de les vérifier à nouveau.

les bords du poinçon carré de droite épousent la forme des quatre pétales du fleuron.

Électrum; lingot ovale et globuleux.

Poids : 6 gr. 93 (usée). Hémistatère.

Musée Britannique. Pl. VIII, n° 5.

Brandis, p. 394, *Miletos*, n° 2.

14. Taureau marchant à droite et baissant la tête.

℞. Carré creux résultant de l'impression de trois poinçons; dans celui du centre, oblong, vestiges indistincts, qui sont peut-être ceux du renard marchant [1]; dans les deux latéraux, carrés, un astre à huit rayons.

Électrum; lingot ovale et globuleux.

Poids : 13 gr. 99 (a perdu par le frai). Statère.

Cabinet de France. Pl. VIII, n° 9.

F. Lenormant, *Monnaies des Lagides*, pl. VIII, n° 8; Brandis, p. 401, *Samos*, n° 2.

15. Parties antérieures d'un lion et d'un taureau, adossées et réunies par le milieu du corps.

℞. Carré creux analogue à celui du n° 1; dans le poinçon oblong du centre on discerne les vestiges du renard, et dans le poinçon carré de gauche ceux de la tête de biche.

Électrum; lingot oblong et globuleux.

Poids : 13 gr. 955. Statère.

Cabinet royal de Munich.

Sestini, *Descrizione di stateri antichi*, pl. IX, n° 13; Brandis, p. 386, n° 1.

16. Parties antérieures de deux lions, adossées et réunies par le milieu du corps [2].

℞. Carré creux du même type.

Électrum; lingot oblong et globuleux.

Poids : 14 gr. 18. Statère.

Catalogue Ivanoff, n° 152; Brandis, p. 386, n° 2.

---

[1] Un peu plus reconnaissables sur l'original que sur notre planche.

[2] J'ai de grands doutes sur l'exactitude de cette description, et je ne serais pas éloigné de croire qu'il s'agit d'un nouvel exemplaire du n° 15, dont le type aura été mal vu par l'auteur du *Catalogue Ivanoff*. Il ne m'a pas été donné de vérifier l'original.

Cinquième époque.

RÈGNE DE CRÉSUS (558-544).

Premier groupe.

POIDS DU SYSTÈME BABYLONIEN.

17. Parties antérieures d'un lion et d'un taureau affrontées; le lion la
gueule béante, le taureau la corne en avant.

℞. Double carré creux, formé par l'impression de deux poinçons carrés, à la surface brute et irrégulière.

Or; flan allongé et globuleux.

Poids : 10 gr. 67. Statère.

Cabinet royal de Munich.

Sestini, *Stateri*, pl. IX, n° 14; Brandis, p. 386, n° 3.

18. Même type.

℞. Même carré creux.

Or; flan allongé et épais.

Cabinet de France : 3 gr. 63. Cabinet royal de Munich : 3 gr. 55.
Trité.

Sestini, *Stateri*, pl. IX, n° 16; Brandis, p. 386, n° 4.

19. Même type.

℞. Même carré creux.

Or; flan allongé.

Cabinet de France, collection de Luynes : 1 gr 80. Collection
de M. le comte de Prokesch-Osten : 1 gr. 76. Hecté.

Brandis, p. 386, n° 5.

20. Même type.

℞. Même carré creux.

Or; flan très-petit et allongé.

Poids : 0. gr. 87. Hémihecté.

Collection Prokesch-Osten.

Brandis, p. 386, n° 6.

Deuxième groupe.

POIDS DU SYSTÈME PERSICO-BABYLONIEN.

21. Parties antérieures d'un lion et d'un taureau affrontées; le lion la
gueule béante, le taureau la corne en avant.

℞. Double carré creux, formé par l'impression de deux poin·
çons carrés, à la surface brute et irrégulière.

Or; flan allongé et globuleux.

Pesées de divers exemplaires : Borrell [1] : 8 gr. 10. Collection
Prokesch-Osten : 8 gr. 075. Cabinet de France : 8 gr. 07. Cabinet de
Munich : 8 gr. 065. Ancienne collection Th. Thomas [2] : 8 gr. 054.
Musée Britannique : 8 gr. 05. Ancienne collection Ivanoff [3] : 8 gr. 03.
Cabinet de France, collection de Luynes : 8 gr. 02. Ancienne col-
lection Pembroke [4] : 7 gr. 996.

Statère. Pl. VIII, n° 10.

Sestini, *Stateri*, pl. IX, n° 45; Brandis, p. 386, n° 7.

22. Même type.

℞. Même carré creux.

Or; flan allongé et globuleux·

Trité.

Cabinet de France, collection de Luynes : 2 gr. 70. Collection
Prokesch-Osten : 2 gr. 675.

Brandis, p. 387, n° 8.

23. Même type.

℞. Même carré creux.

Or: flan allongé et globuleux.

Poids : 1 gr. 35 [5]. Hecté.

Cabinet de France, collection de Luynes. Collection Prokesch-
Osten. Collection Rauch.

Brandis, p. 387, n° 9.

24. Même type.

℞. Même carré creux.

Or; flan très-petit, allongé et globuleux.

Hémihecté.

Cabinet de Munich : 0 gr. 673. Collection Prokesch-Osten :
0 gr. 67.

Sestini, *Stateri*; pl. IX, n° 17; Brandis, p. 387, n° 10.

---

[1] *Numismatic Chronicle*, t. II, p. 216.
[2] P. 339 du catalogue.
[3] N° 531 du catalogue.
[4] P. 219 du catalogue.
[5] Les trois exemplaires que je connais ont exactement le même.

25. Même type.

℞. Même carré creux.

Argent; flan allongé et globuleux.

Pesées de divers exemplaires : Cabinet de France, ancien fonds : 10 gr. 70; collection de Luynes : 10 gr. 22. Ancienne collection Ivanoff : [1] 10 gr. 59. Borrell [2] : 10 gr. 43.

Sicle médique ou didrachme.

Brandis, p. 387, n° 11.

26. Même type.

℞. Même carré creux.

Argent; flan allongé et globuleux.

Pesées de divers exemplaires : anciennes collections Ivanoff [3] et Behr [4] : 5 gr. 40. Borrell [5] : 5 gr. 39, 5 gr. 24 et 5 gr. 18. Cabinet de France, collection de Luynes : 5 gr. 35; ancien fonds : 5 gr. 30, 5 gr. 20 et 5 gr. 15.

Drachme.

Mionnet, *Recueil de planches*, pl. XXXVI, n° 2; Brandis, p. 387, n° 12.

27. Même type.

℞. Même carré creux.

Argent; flan allongé et globuleux.

Poids : 3 gr. 50 (usée). Tétrobole.

Catalogue Behr, n° 834; Brandis, p. 387, n° 13.

28. Même type.

℞. Même carré creux.

Argent; flan de petit module, allongé et globuleux.

Poids : 0 gr. 76.

Borrel, *Numismatic Chronicle*, t. II, p. 216; Brandis, p. 387, n° 13.

(Je n'ai pas vu l'original de cette pièce, mais elle doit avoir perdu de son poids par le frai; la taille de 0 gr. 76 = 5/6 de l'obole est impossible; ce doit être une obole au poids maximum de 0 gr. 908 usée dans la circulation.)

L'unité de la série monétaire, prolongée pendant près de deux siècles,

---

1 N° 532 du catalogue.
2 *Numism. Chronic.*, t. II, p. 216.
3 N° 533 du catalogue.
4 N° 833 du catalogue.
5 *Numism. Chronic.*, l. c.

que nous venons de rétablir, a été jusqu'ici méconnue. Les renvois que nous avons faits au capital ouvrage de Brandis suffisent à montrer comment on la morcelait entre divers pays et cités, sans tenir compte des indications tout à fait décisives qui auraient dû en faire rassembler les pièces sous la même rubrique. Mais une fois le groupement opéré, tel qu'on vient d'en lire le catalogue, je ne crois pas qu'aucun numismatiste puisse révoquer en doute l'unité et la continuité de cette série, lesquelles résultent de l'identité de fabrique, de l'emploi des mêmes carrés creux très-particuliers, qui se continuent toujours les mêmes, d'une certaine façon pour les plus grosses pièces et d'une autre pour les divisions, puis de la filiation et de la succession régulière des types, enfin de la commensurabilité réciproque de toutes les valeurs monétaires, dernier fait que j'établirai un peu plus loin avec détail.

Les monnaies d'or et d'argent qui représentent dans mon classement la cinquième époque ont été déjà restituées avec certitude à la Lydie et à son monnayage royal par Borrell [1], M. Mommsen [2] et Brandis [3], et cette attribution est aujourd'hui généralement adoptée [4]. La provenance constante des pièces ne peut pas laisser de doutes. « *In four separate instances,* dit Borrell, *where those of gold have reached me, one was found at Casaba, a village not far from Sardis, and the others from places still nearer to the ancient Lydian capital. In silver, the examples are almost endless, as more than one hundred have been brought to me at different periods ; and in every instance, were the truth could be elicited, they were discovered within a circle of thirty miles from the same capital* » [5]. En outre, suivant la judicieuse remarque de M. Mommsen, tandis que l'origine municipale de toutes les autres monnaies de style antique de l'Asie Mineure en or ou en électrum est attestée par la présence des types caractéristiques des différentes cités grecques de la côte, sur celles-ci nous voyons un type qui n'appartient à aucune de ces cités et qui par conséquent a dû être celui d'un atelier royal indigène. J'ajoute que ce type, en présentant le lion et le taureau face à face, dans une attitude de combat, reproduit un des symboles les plus importants des religions asiatiques, un de ceux qui se répètent le plus fréquemment sur les monuments de toute nature.

Mais, comme l'a déjà reconnu Brandis [6], il est impossible de sé-

---

[1] *Numismatic Chronicle,* t. II, p. 216 et suiv.

[2] *Histoire de la monnaie romaine,* trad. Blacas, t. I, p. 7.

[3] *Das Münz-Mass und Gewichtswesen in Vorderasien,* p. 71, 168 et suiv., 386 et suiv.

[4] V. aussi les observations de Cousinéry dans Mionnet, *Supplément,* t. VI, p. 405; et celles de Burgon, *Catalog. Thomas,* p. 316.

[5] V. encore Borrell, *Numism. Chron.,* t VI, p. 194.

[6] P. 167 et 386.

parer de ces pièces nos n°s 15 et 16, qui sont du même travail, plus ancien seulement, et offrent le même type des parties antérieures de lion et de taureau disposées seulement un peu différemment. Celles-ci à leur tour forment, par l'identité du style, évidemment contemporain, des carrés creux, de la forme des flans en lingots ovales, et du système de poids, un groupe indivisible avec nos n°s 10-14, que Brandis en a distraits tout à fait à tort, classant 10, 11 et 13 à Milet, 14 à Samos et 12 aux incertaines, et qui présentent encore comme types le lion et le taureau, mais séparés sur des pièces différentes et figurés en entier.

De ces dernières pièces on remonte avec non moins de certitude aux n°s 8 et 9, qui forment dans mon classement le groupe de la troisième époque, et dont le type est une partie antérieure de lion, le style rude et fort ancien.

La figure du lion, seul ou combiné avec le taureau, est donc celle qui prédomine dans ce monnayage royal de la Lydie. Or c'est là un fait qui en confirme l'attribution, car le lion est spécialement un emblème lydien. Parmi les présents envoyés par Crésus à l'oracle de Delphes, le plus important était une image de lion en or, pesant dix talents [1]. Une ancienne légende liait le salut de la cité de Sardes à un lion miraculeusement né d'une des concubines du roi Mélès [2]. C'était, d'ailleurs, l'animal sacré de Cybèle, la grande déesse de la contrée [3]. Il appartient aussi à Dionysus [4], au moins à partir d'une certaine époque, car Gerhard [5] a justement remarqué qu'il est au nombre des symboles que ce dieu grec a empruntés aux dieux de l'Asie-Mineure, auxquels il avait été assimilé. Et parmi ces assimilations, qui enrichirent de beaucoup de fables nouvelles le cycle dionysiaque, la plus capitale est précisément celle qui fut faite de Bacchus au principal dieu mâle de la religion lydienne [6], analogue du Sabazius phrygien [7] et comme lui, suivant des indications qui paraissent positives [8], associé à Cybèle, ce qui justifierait l'attribution du lion comme son symbole [9].

---

[1] Herodot., I, 50.

[2] Herodot., I, 84.

[3] Sur le culte de Cybèle en Lydie, v. Maury, *Hist. des religions de la Grèce*, t.III, p. 111.

[4] V. les textes et les monuments rassemblés dans Ch. Lenormant et de Witte, *Élite des monuments céramographiques*, t. I, p, 148.

[5] *Griechische Mythologie*, § 450, 4.

[6] V. Preller, *Griechische Mythologie*, 2e édition, t. I, p. 546 et suiv.

[7] Sur Sabazius, V. mon travail publié dans la *Revue archéologique* de novembre et décembre 1874 et janvier 1875.

[8] Euripid., *Palamed.*, fragm. 589.

[9] Welcker (*Griechische Gœtterlehre*, t. II, p. 621 et suiv.) a déjà reconnu que c'est du Bassareus lydien que le symbole du lion est venu au Dionysus grec.

Ce symbole a d'ailleurs avant tout une signification solaire [1], plus accusée encore peut-être qu'ailleurs dans le groupe du lion et du taureau combattants ; or, d'autres indices concourent à prouver que le dieu lydien identifié au Dionysus hellénique était, comme le Sabazius de la Phrygie qu'on y identifiait également, un dieu solaire. Son nom était *Bassareus*, dont on a fait ensuite une épithète de Bacchus [2]. Ce nom, dans la langue lydienne, signifiait « le dieu aux renards », du mot *bassara* ou *bassaris* désignant cet animal [3]. Pour se rendre compte du sens du symbole du renard, exprimant les ardeurs excessives du soleil qui dévorent les moissons en y propageant la rouille, il suffit de se référer au rôle qu'on faisait jouer à ce quadrupède dans la fête romaine des *Robigalia* [4], en le comparant à l'histoire biblique des renards de Samson [5] (שמשון, le Solaire). Mais en constatant que le principal dieu de la Lydie, dieu solaire auquel appartient le lion, était Bassareus, le dieu aux renards, il est impossible de ne pas lui rapporter comme symbole le renard qui sur les plus fortes pièces de nos quatre premières époques se montre toujours au fond de l'empreinte du poinçon central du revers et qui est particulièrement distinct sur les n°s 1, 2, 8 et 13 [6]. Il y a là une nouvelle et décisive confirmation de l'attribution à la Lydie de toute la série monétaire où la figure du renard se reproduit de cette façon, plus ou moins visible ; car ce n'est pas un symbole banal et qui pouvait se retrouver en beaucoup de lieux divers ; c'est un emblème tout à fait caractéristique de la religion d'une contrée nettement déterminée. A la nature solaire, que ce symbole marque si clairement chez le dieu, se rapportent aussi l'astre à huit rayons que nous avons remarqué dans les deux poinçons carrés flanquant le poinçon allongé au renard sur le n° 14 [7], et la fleur étoilée à quatre pétales qui en est un succédané et que l'on constate avec certitude au fond d'un des deux poinçonnements correspondants des n°s 1 et 13.

Ainsi pour moi tous les types de la série monétaire que je restitue, en l'attribuant aux rois de Lydie, sont des symboles du culte de Bassareus. C'est, du reste, ce que l'on devait attendre. Il n'était pas seulement,

---

[1] Macrob., *Saturn.*, I, 20.

[2] Gerhard, *Etrusk. Spieg.* p. 70, 37 ; Maury, *Religions de la Grèce*, t. III, p. 138.

[3] Voy. Vossius, *Theol. gent.* p. 405 et l'article Βασσάρα dans le *Thesaurus* d'Henri Estienne, édition Didot.

[4] Ovid, *Fast.* IV, 901 et suiv.

[5] *Jud.* xv, 4 et 5.

[6] Sur le n° 12 nous y avons, non plus le renard entier, mais la tête de renard très-nettement reconnaissable.

[7] Aussi dans une des divisions du carré creux du n° 11.

en effet, le dieu principal du pays ; les vastes conquêtes qu'on lui
attribuait, que l'on célébrait chaque année dans les fêtes de printemps
du mont Tmolus [1] et qui fournirent à la fable grecque la donnée
première de celles de Dionysus [2], en faisaient comme le prototype et
le protecteur spécial des monarques lydiens.

Les observations que je viens de faire sur les symboles des poinçons
imprimés en creux au revers des pièces ont montré combien les deux
groupes des nᵒˢ 1-5 et 6-7 sont intimement liés aux groupes suivants,
que j'ai déjà rattachés les uns aux autres. Ils forment incontestablement
la tête de la série, dans laquelle ils marquent la première et la deuxième
époque. La fleur étoilée à quatre pétales, emblème solaire, qui, répétée
quatre fois ou isolée, constitue le type du droit du second groupe,
avant l'introduction des figures d'animaux, est aussi celle que nous
venons de constater dans un des poinçons du revers des nᵒˢ 1 et 13.

L'examen des pièces de la première époque (nᵒˢ 1-5) achèvera, je
crois, de déterminer et de confirmer l'attribution de la série au
monnayage royal de la Lydie. Il suffit en effet de regarder ces pièces
pour s'assurer qu'elles dépassent en antiquité toutes les autres espèces
d'or ou d'électrum fabriquées en Asie-Mineure, toutes celles des cités
grecques. C'est à peine si elles méritent, à proprement parler, le nom de
monnaies, puisqu'elles ne sont réellement pas frappées d'un type au
moyen d'un coin monétaire. Ce sont de simples lingots fondus, que
l'on a poinçonnés sur un de leurs côtés aplatis, pour contrôler le titre
du métal encore plus que pour en garantir le poids régulier. Elles ne
doivent presque pas différer des lingots préparés de manière à représenter des fractions exactes du système pondéral, dont on vérifiait le
poids à la balance dans chaque transaction, lingots qui ont longtemps
formé l'unique instrument commun d'échange commercial dans les
empires asiatiques, dans ceux, par exemple, de l'Assyrie et de Babylone.
Nous avons là une transition extrêmement curieuse entre le métal
employé comme une simple marchandise, au poids, sans garantie qui
dispensât, comme dit Aristote, « de l'embarras de continuels mesu-
rages, » et la monnaie proprement dite. Or, Hérodote [3] et Xénophane
de Colophon [4], tous deux à portée d'être bien informés de ces faits
puisqu'ils étaient originaires de l'Asie-Mineure, affirmaient que les
rois de Lydie avaient fait fabriquer les premières monnaies d'or. C'est

---

[1] Himer, *Eclog.* XXXVI, 1 ; *Orat.* III, 6 ; XIII, 7 ; XIV, 7.
[2] Preller, *Griech. Mythol.* 2ᵉ édit. t. I, p. 551.
[3] I, 54.
[4] *Ap.* Polluc. *Onomast.* IX, 83.

donc leur monnayage seul qui pouvait offrir un fait semblable dans les espèces de ce métal.

J'attribue ces pièces primitives au règne de Gygès, prince auquel les documents cunéiformes de l'Assyrie restituent le caractère pleinement historique presque effacé sous les fables qu'Hérodote et les autres Grecs avaient admises sur son compte. En effet, Xénophane de Colophon faisait de la monnaie une invention lydienne et revendiquait pour les rois de ce pays la gloire d'avoir fabriqué les premières espèces de poids régulier et marquées d'un type, gloire que la tradition grecque la plus habituelle attribuait à Phidon roi d'Argos, et à son atelier monétaire de l'île d'Egine [1]. Parmi les érudits modernes, M. Georges Rawlinson s'est fait le défenseur de l'exactitude et de l'authenticité de cette prétention [2]. J'ai, pour ma part, grand'peine à l'admettre ; il me semble difficile d'aller à l'encontre de la masse imposante des témoignages en faveur de Phidon, et je crois, en m'appuyant sur les monuments numismatiques eux-mêmes, que le monnayage de l'argent à Egine a précédé d'un certain nombre d'années celui de l'or en Lydie. Mais pour que cette prétention ait pu être élevée, il fallait que la tradition fît remonter les premiers essais monétaires des Lydiens à l'avénement de la dynastie des Mermnades, sinon même un peu antérieurement, aux derniers règnes de celle des Héraclides. En effet, Phidon régnait sur Argos et Egine vers 748 av. J.-C. [3] Du reste, malgré l'absence de tout type frappé sur le droit, les pièces qui ouvrent la série royale de la Lydie sont d'une apparence moins grossière que les premières pièces d'Egine au type de la tortue de mer [4], celles où le flan garde encore la forme des ὀβελίσκοι, c'est-à-dire des lingots d'argent irréguliers et allongés, sans empreinte, qui circulaient auparavant dans la Grèce et dont Phidon avait dédié quelques-uns dans le temple d'Héra à Argos, en souvenir de son invention [5]. Le flan, ou, pour parler plus exactement, le lingot est fondu avec une forme bien plus régulière ; les poinçons du revers des pièces lydiennes sont gravés plus finement et d'un art

---

[1] Ephor. *ap.* Strab. VIII, p. 376 ; Ælian. *Var. hist.* XII, 10 ; Poll. *Onomast.* IX, 83 ; Eustath. *ad* Homer. *Iliad.* p. 604 ; Schol. *ad* Pind. *Olymp.* XIII, 27 ; Etym. Magn. *V.* ὀβελίσκος, εὐβοϊκὸν νόμισμα ; cf. Ottfr. Müller, *Æginetica,* p. 57.

Il est certain que Phidon était l'auteur d'une grande réforme des poids et mesures, à laquelle se rattache naturellement l'invention de la monnaie. Herodot. VI, 127 ; Poll. *Onomast.* X, 179 ; Schol. *ad* Pind. *l. c.* ; Plin. *Hist. nat.* VII, 56.

[2] *On the invention of coining and the earliest specimens of coined money,* à la fin du tome Ier de sa traduction anglaise d'Hérodote.

[3] Clinton, *Fasti hellenici,* t. I, p. 247 et suiv.

[4] Voy. le spécimen gravé dans Mionnet, *Supplément,* t. III, pl. XVIII, n° 5.

[5] Etym. Magn. v° ὀβελίσκος.

plus avancé, plus maître de lui-même, que celui des coins des pièces d'Egine. Pourtant je n'oserais pas tirer de ce fait un argument absolu en faveur de l'antériorité des espèces éginétiques; car il suffirait pour l'expliquer de l'avance incontestable qu'à cette période historique l'Asie-Mineure avait sur la Grèce proprement dite en fait de civilisation et de culture des arts.

Le système des poids de nos monnaies primitives de la Lydie se continue sans aucune variation pendant le cours des quatre premières époques. L'échelle de ses divisions est la suivante, en portant les poids au maximum, tel qu'il résulte de la comparaison des pesées des différents exemplaires de ces pièces mêmes et des autres monnaies taillées sur le même pied vers la même époque dans diverses parties de l'Asie-Mineure. Ces *maxima* obtenus par l'observation, la balance à la main, peuvent être tenus pour certains, d'autant plus qu'ils coïncident très-exactement avec les résultats que fournit la division régulière des talents et des mines correspondants.

1	=	statère	=	14 gr. 52.
3/4	=		=	10 gr. 89.
1/2	=	hémistatère	=	7 gr. 26.
1/3	=	trité	=	4 gr. 84.
1/6	=	hecté	=	2 gr. 42.
1/12	=	hémihecté	=	1 gr, 21.

L'échelle des divisions par 1, $\frac{1}{2}$, $\frac{1}{3}$, $\frac{1}{6}$, $\frac{1}{12}$ est celle qui se maintient régulière pour tout le monnayage d'or de l'antiquité hellénique et asiatique. Elle prouve d'une manière irréfragable que l'unité génératrice, le statère, est ici la plus forte pièce, celle de 14 gr. 52, qu'au premier abord on serait tenté de prendre pour un distatère, en la comparant aux systèmes monétaires des âges plus récents. Le statère se divisant en deux drachmes, celui-ci donne 7 gr. 26 pour la drachme ou hémistatère.

Les premières monnaies royales de Lydie ont donc été le modèle qu'ont suivi la plupart des cités grecques de la côte de l'Asie-Mineure, quand elles ont frappé, dans le cours du viie siècle, des pièces d'un travail très-ancien, faites avec le même métal, électrum ou or blanc, taillées d'après le même système pondéral et contemporaines des espèces lydiennes où commencent à apparaître les figures d'animaux. On en connaît déjà de Lampsaque [1], d'Abydos [2], de Cebrenus [3], de Cymé [4], de Clazo-

---

[1] Brandis, p. 388.
[2] Brandis, p. 389.
[3] Brandis, p. 389.
[4] Brandis, p. 390.

mène [1], d'Ephèse [2], de Milet [3], de Chios [4], de Samos [5], de Cos [6], et d'une ville encore indéterminée qui a pour type une tortue de terre [7]. Brandis qualifie ce système monétaire, au statère de 14 gr. 52 et à la drachme de 7 gr., 26, de *Kleinasiatischer Fuss*. Je préfère le qualifier de *système lydo-phénicien*, puisque mes recherches en montrent désormais le point de départ en Lydie et que d'un autre côté, comme l'a aussi reconnu Brandis [8], c'est le générateur du système monétaire *phénicien* postérieur à Alexandre, des Ptolémées et des Séleucides, lequel n'en diffère qu'en ce qu'il fait de l'ancienne drachme un didrachme et adopte par conséquent une nouvelle drachme de la moitié, c'est-à-dire de 3 gr. 56 [9].

Pour ce qui est de l'origine de ce système, qui se rattache à l'antique civilisation du bassin de l'Euphrate et du Tigre, ainsi qu'à ses rapports avec les autres systèmes pondéraux et monétaires de l'Asie antérieure, dont l'origine première est la même, la question a été traitée de main de maître et d'une manière définitive par Brandis [10], et je n'aurai qu'à résumer ici le plus brièvement possible les résultats de ses savantes études.

Le système des poids de Babylone, source de tous ceux de l'Asie antérieure et de la Grèce, lui-même legs de la primitive culture des Accads touraniens, reposait sur l'existence de deux talents, l'un fort et l'autre faible, dont les étalons étaient réciproquement dans le rapport de 2 à 1, le fort pesant 58 kilogr. 896 gr., le faible 29 kilogr. 448 gr. L'un et l'autre se divisaient également en 60 mines, chacune de 60 sicles ou statères [11]. Ceci donnait donc :

Série forte :

| 1 | talent | 58,896 gr. |

---

[1] Brandis, p. 392.

[2] Brandis, p. 393.

[3] Brandis, p. 394 et suiv.; mais il faut en retrancher les pièces que nous restituons à la Lydie.

[4] Brandis, p. 399 et suiv.

[5] Brandis, p. 401; moins la pièce que nous revendiquons pour la Lydie.

[6] Brandis, p. 401.

[7] F. Lenormant, *Monnaies des Lagides*, p. 152. C'est à tort que Brandis a voulu attribuer cette pièce à Égine; elle est d'Asie-Mineure.

[8] P. 115.

[9] Au lieu de 3 gr. 63 qu'aurait donnés exactement la moitié de la drachme ancienne de 7 gr. 26; tous les systèmes monétaires éprouvent avec le temps un léger affaiblissement, dont le cours est progressif et presque régulier.

[10] Dans la seconde partie de son ouvrage, p. 43-160.

[11] Le grec στατήρ est la traduction exacte du sémitique שֶׁקֶל.

1/60 = 1	mine	981 gr. 6
1/3600 = 1/60 = 1	sicle	16 gr. 36

Série faible :

1	talent	29,448 gr.
1/60 = 1	mine	490 gr. 8
1/3600 = 1/60 = 1	sicle	8 gr. 18 [1]

Mais dans l'Asie-Mineure et dans la Syrie on avait adopté une autre division du talent, combinant le système de fractionnement décimal avec le système sexagésimal. Il y avait toujours 60 mines au talent, mais la mine se coupait en 100 demi-sicles ou drachmes, c'est-à-dire 50 sicles, d'où l'on comptait 3000 sicles au talent, au lieu de 3600. Prenant pour point de départ le sicle babylonien de la série forte et le multipliant 3000 fois d'après ce principe, on obtint un nouveau talent de 49,080 gr., dont la mine ferait 818 gr. [2]. Ce système de poids fut celui que l'on adopta dans le commerce de presque toute l'Asie antérieure pour compter l'or employé aux échanges, et qui servait encore officiellement pour ce métal dans la monarchie des Achéménides, avec cette modification pourtant qu'alors l'étalon assyrien de 50,490 gr. avait, comme nous le verrons un peu plus loin, supplanté dans cette monarchie à partir de Darius l'étalon proprement babylonien de 49,080 gr. La proportion normale et généralement admise par le négoce dans les contrées asiatiques, du VIIIe au VIe siècle pour le rapport de la valeur de l'or à celle de l'argent variait entre : : 13 : 1 et : : 13 $\frac{1}{2}$: 1 [3]. On voulut, pour faciliter les échanges et les comptes, établir un poids

---

[1] En Assyrie les poids étaient un peu plus élevés :

SÉRIE FORTE :

1	talent	60,600 gr.
1/60 = 1	mine	1,010 gr.
1/3600 = 1/60 = 1	sicle	16 gr. 83

SÉRIE FAIBLE :

1	talent	30,300 gr.
1/60 = 1	mine	500 gr.
1/3600 = 1/60 = 1	sicle	8 gr. 415

[2] Dans les pays où l'on prit pour point de départ de ce nouveau talent le sicle assyrien, au lieu du babylonien, il fut de 50,490 gr. et la mine de 841 gr. 5. La moitié de ce talent, ou, pour parler autrement, son correspondant dans la série faible, e 25,245 gr. (à la mine de 420 gr. 7) est le *talent euboïque* des Grecs, source du système monétaire d'Athènes et de Corinthe.

[3] Outre ce que dit à ce sujet Brandis, voy. Vasquez Queipo, *Systèmes métriques et monétaires*, t. I, p. 300, et le § 5 du chapitre Ier de l'*Histoire de la Monnaie romaine* de M. Mommsen, trad. Blacas, tome Ier.

pour l'argent différent de celui de l'or, de telle façon qu'un talent, une
mine ou un sicle d'or représentassent un nombre exact et sans fractions
supplémentaires de talents, de mines et de sicles d'argent. Le rapport
adopté pour point de départ de ce système pondéral créé spécialement
pour l'argent fut, dans un très-grand nombre de contrées, en particulier
dans celles de l'intérieur des terres : : 20 : 1 ; d'où résulta que le poids
du talent, de la mine et du sicle d'argent se trouva en regard de celui
du talent, de la mine et du sicle d'or : : 13 $^1/_3$: 20 ; par conséquent le
talent y fut de 32,700 gr., la mine de 545 gr., et le sicle de 10 gr. 90 [1].
C'est le système que les écrivains grecs appellent spécialement *babylonien* [2], mais qu'il est plus exact de nommer *babylonico-médique ;* à de bien
rares exceptions près, sur lesquelles nous aurons précisément à revenir
dans le cours de ce travail, il ne servit jamais à tailler que des monnaies
d'argent. Dans d'autres pays, principalement, semble-t-il, dans les
parties de l'Asie-Mineure les plus voisines de la côte et en général dans
les habitudes du commerce maritime de la Méditerranée orientale, on
préféra régler les poids de l'argent de manière à ce que l'on donnât
15 talents, 15 mines ou 15 sicles de ce métal pour 1 talent, 1 mine
ou 1 sicle d'or ; d'où résulta une proportion : : 13 $^1/_3$: 15 entre les étalons de l'argent et de l'or. C'est là ce qui produisit le talent de 43,590 gr.,
la mine de 726 gr., et le statère de 14 gr. 53, c'est-à-dire le système
que nous qualifions de *lydo-phénicien*, et qui, créé originairement dans
l'intention spéciale de servir au mesurage des quantités d'argent, paraît
avoir été appliqué à tous les métaux précieux dans le royaume de
Lydie.

Des observations qui précèdent il résulte qu'au moment où les monarques lydiens de la dynastie des Mermnades inaugurèrent leur monnayage, il y avait trois principaux systèmes pondéraux en usage dans
l'Asie-Mineure pour les métaux précieux servant aux échanges, tous les
trois dérivant par des voies différentes des anciens poids de Babylone.

1° Le système asiatique de l'or, que l'on doit qualifier en l'envisa-
geant au point de vue monétaire, de *système phocaïque*, d'après le nom
de la cité qui l'employa la première à la taille de ses espèces frappées :

1				talent	49,080 gr.
1/60	= 1			mine	818 gr.
1/3000	= 1/50	= 1		statère	16 gr. 36
1/6000	= 1/100	= 1/2	= 1	drachme	8 gr. 18

---

[1] Talent 33,660 gr., mine 561 gr., sicle 11 gr. 22, là où l'on avait pris pour base
de toutes ces combinaisons l'étalon assyrien du sicle de poids des marchandises ordinaires.

[2] Herodot. III, 89 et 96 ; Ælian. *Var. hist.* I, 22.

2° Le système asiatique de l'argent, que les Grecs ont appelé *babylo_nien* ou *médique* :

				talent	32,700 gr.
1/60	= 1			mine	545 gr.
1/3000	= 1/50	= 1		statère	10 gr. 90
1/6000	= 1/100	= 1/2	= 1	drachme	5 gr. 45

3° Le système lydo-phénicien :

				talent	43,590 gr.
1/60	= 1			mine	726 gr.
1/3000	= 1/50	= 1		statère	14 gr. 53
1/6000	= 1/100	= 1/2	= 1	drachme	7 gr. 265

Les rois lydiens adoptèrent comme norme de leur monnayage le troisième, qui était celui qui prévalait dans les habitudes commerciales de leur pays, et ils se bornèrent à réduire le poids du statère de 14 gr. 53 à 14 gr. 52 dans les espèces frappées, ce qui constituait un droit de seigneuriage très-modéré sur la monnaie.

Mais à la série des divisions duodécimales du statère, que tous les Grecs adoptèrent également dans leurs monnaies d'or, ils ajoutèrent une coupe divisionnaire qui sort de cette série et qui n'a été imitée nulle part ailleurs, celle des $^3/_4$ du statère (voy. le n° 2). Réglée à 10 gr. 89, elle coïncidait comme poids avec le statère du système *babylonien* ou *médique*, 1 centigr. étant défalqué de son poids normal et théorique pour le droit de seigneuriage. Pourtant je ne crois pas que ce soit cette coïncidence qui ait été surtout cherchée dans l'établissement de la coupe de $^3/_4$ statère lydo-phénicien, puisque le système babylonien ou médique n'était pour ainsi dire nulle part employé que pour l'argent. Mais cette taille étrangère à l'échelle duodécimale, ou du moins y réprésentant $^9/_{12}$, me paraît avoir eu surtout pour objet de permettre un raccordement facile entre la monnaie lydienne et le système *phocaïque*, dont l'usage était aussi très-répandu dans l'Asie-Mineure. En effet Phocée[1] et Téos[2] d'Ionie allaient bientôt l'adopter pour base de la coupe de leurs monnaies du même métal, électrum ou or blanc, dont le style indique des émissions très-peu postérieures aux premières frappes royales de Lydie. L'exemple de ces deux cités allait être rapidement suivi par Héraclée de Bithynie[3], Chalcédoine[4], Cyzique[5],

---

[1] Brandis, p. 396.
[2] Brandis, p. 397.
[3] Brandis, p. 387.
[4] Brandis, p. 388.
[5] Brandis, p. 388.

Dardanus de Troade [1], Mitylène [2], Méthymna [3], Erythres [4]; même le poids phocaïque devait au bout de peu de temps supplanter le poids lydo-phénicien à Lampsaque [5], à Clazomène [6] et à Samos [7]. Un statère phocaïque de 16 gr. 34 était à un statère lydien de 14 gr. 52 : : 1 : 1 1/8. Le rapport n'était donc pas commensurable entre deux étalons monétaires divisés duodécimalement; il fallait s'élever jusqu'à la somme déjà considérable de 9 statères lydiens pour trouver un accord avec une somme exacte de système phocaïque, 8 statères. Au contraire, si la pièce de 10 gr. 89 était $^3/_4$ du statère lydien de 14 gr. 52, elle se trouvait en même temps par rapport au statère phocaïque de 16 gr. 34 : : 1 : 1 1/2; 3 de ces pièces correspondaient exactement à 2 statères phocaïques. L'emploi de la coupe de $^3/_4$ statère ouvrait donc à la monnaie lydienne la circulation de tous les marchés où prévalait l'usage du système de poids phocaïque; et je ne doute pas que ce ne soit pour cela qu'elle ait été adoptée.

J'ai indiqué les raisons, à mes yeux décisives, qui me font rapporter au règne de Gygès les pièces de la première époque. Une fois la série formée et restituée à la Lydie, je ne crois pas que l'on puisse hésiter à placer la fabrication du groupe de la quatrième époque, si riche, si remarquable par la beauté des figures d'animaux (surtout les n°s 10 et 14), enfin si un, malgré la variation des types dans les mêmes données, ce qui suppose nécessairement un monnayage prolongé pendant un certain nombre d'années — à placer, dis-je, la fabrication de ce groupe au règne d'Alyatte, très-prospère et très-éclatant pendant plus d'un demi-siècle, qui vit la monarchie lydienne parvenir au faîte de sa puissance. Il suffit de se reporter à l'histoire des rois de Lydie, telle que nous la connaissons par Hérodote [8], pour voir cette attribution s'imposer d'une ma-

---

[1] Brandis, p. 390.
[2] Brandis, p. 391.
[3] Brandis, p. 391.
[4] Brandis, p. 393.
[5] Brandis, p. 389.
[6] Brandis, p. 392.
[7] Brandis, p. 401.
Ce poids est celui qui a été adopté plus tard pour la série des Cyzicènes.
[8] J'ai résumé ce que l'on sait des annales des rois de la dynastie des Mermnades dans mon *Manuel d'histoire ancienne de l'Orient*, 3e édition, t. II, p. 386-398 ; on me permettra d'y renvoyer le lecteur. C'est là qu'en partant du synchronisme précis avec Gygès fourni par les documents cunéiformes d'Assourbanipal, roi d'Assyrie, j'ai proposé pour les différents règnes de cette dynastie les dates que je reproduis dans le présent travail et qui modifient un peu celles d'Hérodote, jusqu'à présent adoptées. Celles-ci étaient :
Gygès 716 av. J.-C. — Ardys 678 — Sadyatte 629 — Alyatte 617 — Crésus 560.

nière irrésistible. Alyatte laissa de son règne et de ses richesses un monument magnifique dans le fameux mausolée que décrit Hérodote [1] et dont les vestiges subsistent encore aujourd'hui [2]. Conquérant de Smyrne, suzerain d'Abydos, de Colophon, de Magnésie du Sipyle et de Priène, c'est de ces cités helléniques qu'il dut faire venir les graveurs de ses belles monnaies, très-supérieures à celles des époques précédentes, car déjà les sculpteurs et les toreuticiens grecs de l'Ionie avaient dépassé leurs instituteurs, les artistes indigènes, et nous savons par des exemples positifs combien leurs œuvres étaient recherchées à la cour de Sardes.

Si les monnaies de Gygès et celles d'Alyatte me paraissent ainsi bien définies, l'attribution du groupe des n°s 6 et 7 à Ardys et de celui des n°s 8 et 9 à Sadyatte n'a pas le même caractère de précision, et je suis loin de prétendre la garantir. Pourtant il y a quelque chose d'assez frappant dans ce fait qu'entre le groupe des n°s 1-5 et celui des n°s 10-16 se placent deux groupes représentant deux époques successives de monnayage, de même qu'entre Gygès et Alyatte il y a deux règnes.

Le classement de tous ces groupes, tel que je viens de l'établir, et la détermination de leurs époques, surtout celle des monnaies d'Alyatte, achèvent de se confirmer, quand on passe brusquement de ces dernières pièces aux monnaies de Crésus (cinquième époque), qui ont été reconnues par M. Mommsen [3] et encore mieux établies par Brandis [4]. En effet, si les types et les carrés creux des époques précédentes s'y continuent d'une manière qui assure, comme nous l'avons dit tout à l'heure, l'unité numismatique de la série, la nature du métal et les poids y sont tout à fait différents, ce qui coïncide avec les témoignages littéraires sur la réforme opérée dans le système des monnaies par le dernier roi de Lydie, lequel avait fait frapper en or un statère nouveau que Pollux [5] connaissait encore comme une monnaie à part et nettement caractérisée, sous le nom de στατὴρ χροίσειος.

Pendant les quatre premières époques, le métal monnayé par les rois de Lydie, comme également par toutes les cités grecques de l'Asie Mineure à la période primitive de leur fabrication monétaire, était celui que les anciens appellent le plus habituellement électrum ἤλεκτρον et Hérodote [6] or blanc, λευκὸς χρυσός, en le distinguant de l'or proprement

---

[1] I, 93.
[2] Hamilton, *Researches in Asia Minor*, t. I, 145.
[3] *Histoire de la monnaie romaine*, trad. Blacas, t. I, p. 7.
[4] P. 168 et suiv.
[5] *Onomast.* III, 87.
[6] I, 50.

dit. Le nom d'électrum s'appliquait à tout alliage d'argent et d'or où la proportion de l'argent s'élevait au-dessus de 20 $\%$ [1]; on distinguait, du reste, l'électrum artificiel et l'électrum naturel [2]. En effet, presque toujours dans la nature le minerai d'or se présente uni à une certaine proportion d'argent, laquelle, dans celui que donnent les lavages de quelques pays, s'élève bien au-dessus de la limite qui pour les anciens déterminait l'électrum et modifie de la manière la plus sensible la couleur du métal en la blanchissant. Ainsi l'or de Vörôspatak en Transylvanie est naturellement mêlé d'une quantité d'argent qui atteint quelquefois 38,74 $\%$ du poids total du minerai. Celui qu'on recueillait en grande abondance en Lydie aux temps antiques, soit dans les lavages des sables du Pactole, soit dans les excavations des filons quartzeux du Tmolus et du Sipyle, paraît avoir contenu une proportion encore plus forte d'argent. Les analyses que l'on a faites d'hectés primitives de Milet au type de la tête du lion et de l'astre [3] semblent prouver que l'alliage naturel y allait quelquefois jusqu'à 43,8 $\%$ d'argent, ce qui obligeait d'y ajouter pour le monnayage une très-faible proportion de cuivre, pour donner un peu de couleur et empêcher le métal d'être presque aussi blanc que de l'argent. C'est là, du reste, un maximum qui n'était pas toujours atteint, car les analyses du duc de Luynes [4] paraissent montrer que l'électrum monétaire de l'Asie-Mineure, soit naturel comme à l'origine, soit imité plus tard par des alliages artificiels, était d'une composition très-irrégulière, où les proportions des deux métaux variaient, mais où celle de l'argent était toujours fortement supérieure à 20 $\%$ [5]. Ce minerai mélangé de la Lydie constituait l'électrum de Sardes, que l'on oppose à l'or pur recueilli dans l'Inde [5]. Pour en tirer de l'or il fallait l'affiner. Mis en œuvre tel que le donnait la nature, on le considérait, dès le temps de la composition des poésies homériques, comme un métal distinct de l'or [6] et classé à un rang de noblesse intermédiaire entre l'or et l'argent [7]. Il en était de même

---

[1] Plin. *Hist. nat.* XXXIII, 4, 23; cf. Pausan. V, 12,6; Eustath. *ad* Dionys. *Perieg.* 293; Hesych.Suid.et Phot. v° ἤλεκτρον; Serv. *ad* Virg. *Æneid.* VIII, 402; Isidor. *Orig.* XVI, 24.

[2] Plin. *l. c.* cf. Ch. Lenormant, *Revue numismatique*, 1856, p. 88 et suiv.; Brandis, p. 164.

[3] Brandis, p. 216.

[4] *Rev. numism.* 1856, p. 89.

[5] Pline fait la remarque suivante à propos de l'électrum : *Si (argentum) quintam portionem excessit, incudibus non resistit.* Tous les numismatistes ont pu remarquer que les flans des statères d'électrum ont constamment éclaté sous le marteau et présentent des fissures irrégulières et profondes qu'on ne voit presque jamais dans ceux des pièces de véritable or.

[6] Sophocl. *Antig.* 1037.

[7] *Odyss.* O, 460; Σ, 296.

bien antérieurement, dans la civilisation préhistorique d'âge du bronze
de la cité si ancienne dont M. Schliemann a découvert les débris à His-
sarlik en Troade, et qu'il croit, à tort suivant moi, être l'Ilion d'Homère.
Le trésor du chef de cette ville renfermait de l'or, de l'électrum, de l'argent et du bronze, comme celui de Ménélas à Sparte d'après l'*Odyssée*[1], et
de même encore les offrandes envoyées par Crésus à l'oracle de Delphes
consistaient en or, or blanc ou électrum et argent[2]. En parlant de ces
offrandes, Hérodote nous indique que des tuiles, les unes d'or, les autres
d'électrum, exactement des mêmes dimensions, pesaient les unes 2 talents $1/2$, les autres 2 talents. Le poids spécifique de l'électrum de Sardes
était donc à celui de l'or : : 2 : 2 $1/2$, ce qui conduirait à admettre une
proportion moyenne de 30 % d'argent dans cet électrum.

Avant tout, la réforme monétaire de Crésus consista à substituer
comme métal étalon l'or affiné à l'électrum naturel que les rois ses prédécesseurs avaient seul monnayé; en même temps il introduisit les
espèces d'argent, que les villes grecques avaient commencé à émettre
depuis près d'un siècle, mais que les rois de Lydie n'avaient pas encore
fabriquées.

Dans le monnayage organisé à nouveau par ce prince, parmi les
espèces d'or, il faut, comme nous l'avons fait, distinguer deux groupes
évidemment contemporains, puisqu'on ne remarque aucune différence
de types, de fabrique ou de style entre les pièces de l'un et de l'autre,
toutes exactement pareilles, mais qui représentent deux systèmes de
poids différents.

Le premier (n°ˢ 17-20) nous offre un statère de 10 gr. 89 [3], avec la
série de ses divisions normales. C'est le poids du statère d'argent babylonico-médique transporté exceptionnellement dans le monnayage de
l'or, de même que nous l'avons vu transporté dans le monnayage de
l'électrum sous les rois plus anciens. Quoique la composition de
l'électrum naturel du Pactole, du Tmolus ou du Sipyle fût variable,
du moment qu'on avait pris l'habitude de l'employer pour les usages
industriels et pour la monnaie tel que le donnait la nature, en le con-
sidérant comme un métal à part, on avait dû lui attribuer une valeur
commerciale fixe dans un rapport exact avec celle de l'or et de l'argent.
Brandis[4] a établi que le rapport avec l'or était : : 3 : 4, autrement di
qu'un poids donné d'électrum avait une valeur de 25 % moindre que

---

[1] *Odyss.* Δ, 73 et suiv.
[2] Hérodot. I. 50,
[3] Résultant exactement de la trité de 3 gr. 63.
[4] P 169 et suiv.

celle du même poids en or. C'est ce fait dont la tradition, mal comprise
au bout d'un grand nombre de siècles, a fait dire à Servius [1] et à Isidore
de Séville [2] que l'électrum ne contenait régulièrement que $3/4$ d'or, ce
que toutes les analyses jusqu'à présent faites démentiraient, s'il s'agis-
sait en réalité d'une proportion d'alliage. Le rapport : : 3 : 4 une fois
donné pour les deux métaux, un statère d'or de 10 gr. 89 de la réforme
de Crésus avait exactement la même valeur qu'un des plus anciens statères en électrum de 14 gr. 52, et toutes les divisions de ces deux pièces
se correspondaient avec la même rigueur. En même temps, l'or valant
13 $1/2$ fois son poids d'argent, un statère d'or de 10 gr. 89 (et par suite
aussi un statère d'électrum de 14 gr. 52) équivalait à la fois à 13 $1/2$
sicles ou statères d'argent (27 drachmes) du système babylonico-médique et à 10 statères (20 drachmes) d'argent du système lydo-phénicien, que l'on employait dès lors au monnayage de ce métal à Lampsaque [3], à Abydos [4], à Cymé [5], à Méthymna [6], à Clazomène [7], à
Ephèse [8], à Erythres [9], à Phocée [10], et à Chios [11].

Le second groupe de pièces d'or dans la réforme monétaire de Crésus
(n°ˢ 21-24) est constitué par un statère de 8 gr. 17, avec la série com-
plète de ses divisions ordinaires. Ce statère de 8 gr. 17 est la moitié du
statère phocaïque de 16 gr. 36. C'est aussi le statère de la série faible
des poids primitifs de Babylone, lequel, multiplié par 3000, donne nais-
sance à un talent de 24, 540 gr., dont le talent euboïque de 25,245 n'est
qu'une variante ayant pour point de départ l'étalon du statère de Ninive
(8 gr. 415), au lieu de celui de Babylone (8 gr. 18).

Enfin la série du monnayage de Crésus se termine par des pièces
d'argent dont les divisions et les poids s'échelonnent ainsi (je rétablis
les maxima, faciles à déterminer avec certitude) :

1	statère ou sicle	10 gr. 89
1/2 = 1	drachme	5 gr. 445
1/3 = 2/3 = 1	tétrobole	3 gr. 63
1/12 = 1/6 = 1/4 = 1	obole	0 gr. 908

---

[1] *Ad* Virg. *Æn.* VII, 402.
[2] *Orig.* XVI, 24.
[3] Brandis, p. 389.
[4] Brandis, p. 389.
[5] Brandis, p. 391.
[6] Brandis, p. 391.
[7] Brandis, p. 392.
Brandis, p. 393.
Brandis, p. 394.
[10] Brandis, p. 397
[11] Brandis, p. 400.

— 26 —

Les pièces qui se suivent dans le rapport réciproque de 1, $^1/_2$, $^1/_{12}$ appartiennent au système du sicle d'argent babylonico-médique. Nous avons vu plus haut comment ce système était celui qu'on avait adopté, en vertu du rapport de valeur entre l'or et l'argent, pour peser ce dernier métal, tandis qu'on employait pour l'or le système du statère phocaïque de 16 gr. 34, de manière à donner 20 sicles d'argent pour un statère d'or. La donnée fondamentale était ici la même; seulement Crésus ayant pris pour le statère d'or, au lieu de l'étalon phocaïque, un étalon juste de moitié, 8 gr. 17, son nouveau statère valait 10 sicles d'argent à 10 gr. 89, ou 20 drachmes à 5 gr. 445. C'est cette pièce de 8 gr. 17 comme unité d'un système de l'or qui fut sa création propre; aussi tout indique que c'est à elle, et non à celle de 10 gr. 89 dans le même métal, que doit être appliqué le nom de στατήρ χροίσειος.

La monnaie d'argent de 3 gr. 63 est un hémidrachme ou triobole du système lydo-phénicien, et en même temps, dans le système du sicle babylonico-médique, un tétrobole, coupe irrégulière, très-rare et motivée seulement par le désir de trouver un point de coïncidence entre les deux systèmes de poids. Mais, si le statère d'or de 8 gr. 17 est $^3/_4$ de celui de 10 gr. 89, les divisions de ces deux unités parallèles du monnayage de Crésus n'offrent plus entre elles des rapports exacts dans la donnée du fractionnement duodécimal de chacune d'elles.

La coordination de tous les éléments de ce système monétaire, qui au premier abord semblent ainsi contradictoires, se montre claire et ingénieuse si l'on en dresse le tableau général, embrassant ensemble les trois métaux. En effet, en prenant pour point de départ les rapports de valeur de l'or à l'électrum : : 4 : 3, et de l'or à l'argent : : 13 $^1/_2$: 1, on trouve l'échelle de correspondances suivantes :

ELECTRUM	OR		ARGENT		
			SICLES	DRACHMES	TÉTROBOLES
Statère 14 gr. 52	statère 10 gr. 89		13 1/2	27	40
3/4 statère 10 gr. 89	3/4	statère 8 gr. 17	10	20	30
Hémistatère 7 gr. 26	hémist. 5 gr. 445		6 3/4	13 1/2 (3/6)	20
		hémist. 4 gr. 55	5	10	15
Trité 4 gr. 84	trité 3 gr. 63		4 1/2	9	13 1/3
		trité 2 gr. 72	3 1/3	6 2/3 (4/6)	10
Hecté 2 gr. 42	hecté 1 gr. 815		2 1/4	4 1/2	6 2/3
		hecté 1 gr. 36	1 2/3	3 1/3	5
Hémihecté 1 gr. 21	hemihec. 0 gr. 90		1 1/8	2 1/4 (3/12)	3 1/3
		hemihec. 0 gr. 68	5/6	1 2/3 (4/6)	2 1/2

Toutes les fractions que nécessite la conversion des monnaies d'or en monnaies d'argent de l'une ou de l'autre espèce, se ramènent, comme on le voit, à des fractions duodécimales. Le rôle considérable et l'utilité du tétrobole de 3 gr. 63, au moyen duquel on établit un rapport simple et régulier entre les deux étalons de statères d'or, ressort mieux du tableau qui précède que d'explications très-développées et justifie largement l'adoption de cette coupe monétaire anormale.

Grâce aux combinaisons adoptées pour la taille de ses différentes espèces, la monnaie royale de Lydie, après la réforme de Crésus, voyait librement ouverts à sa circulation les marchés de toutes les cités qui avaient adopté le système lydo-phénicien dans l'électrum et dans l'argent, le système phocaïque dans l'or et le système babylonico-médique dans l'argent. Quant aux villes dont la circulation métallique avait pour étalon fondamental le statère phocaïque d'électrum, j'ai indiqué plus haut comment les anciens statères lydiens d'électrum y avaient cours, grâce à la pièce de 10 gr. 89, qui établissait un rapport exact et facile entre le statère de 14 gr. 52 et celui de 16 gr. 34. Après Crésus, par suite du cours réciproque de l'or et de l'électrum, le nouveau statère de ce roi à 8 gr. 17 était au statère phocaïque d'électrum à 16 gr. 34 : : 1 : 1 $\frac{1}{2}$; par conséquent, il suffirait d'en donner 3 pour représenter exactement la valeur de 2 gros statères phocaïques d'électrum.

Toutes ces coordinations de rapports avaient été bien évidemment calculées, prévues, voulues dans la réforme monétaire de Crésus. Le dernier monarque de Lydie, qui avait achevé de soumettre à son sceptre toutes les villes grecques de l'Ionie, de l'Éolie et de la Mysie, et les avait réduites à être ses tributaires, avait combiné son système monétaire de manière à en faire, au profit de ses finances, le lien commun entre les différents systèmes usités par chacune de ces villes pour son commerce.

Au reste, il ne faisait en cela qu'imiter l'exemple donné depuis un assez long temps déjà par la première des cités ioniennes comme importance politique, comme population, comme industrie et comme négoce, par Milet, qui, après avoir résisté victorieusement aux efforts de Sadyatte et d'Alyatte, venait d'être contrainte de céder à la puissance de Crésus. Là, en effet, à une date notablement antérieure à celle des statères *créséens*, nous voyons frappés et usités à la fois [1], avec toutes leurs divisions, le statère lydo-phénicien en électrum de 14 gr. 52, un statère

---

[1] Voy. Brandis, p. 394-396.

phocaïque de 16 gr. 40 en véritable or [1] et un sicle babylonico-médique
de 11 gr. 02 en argent, unités étalons des trois métaux, entre lesquelles
le rapport était :

    1   statère lydo-phénicien d'électrum = 13 1/4 sicles d'argent
    1 1/2 = 1   statère phocaïque d'or   = 20   —

Il n'existe aucune monnaie d'électrum contemporaine des pièces d'or
et d'argent de notre cinquième époque. Ceci semble indiquer que
Crésus, en créant ses nouvelles espèces, avait mis fin au monnayage du
métal d'abord seul employé par ses prédécesseurs. Mais il ne démonétisa
pas pour cela les espèces frappées sous les rois antérieurs. Elles restèrent dans la circulation avec le cours indiqué au tableau dressé plus
haut. Ici les faits résultant des trouvailles monétaires viennent confirmer
les résultats théoriques déduits des rapports de valeur entre les métaux.
Les pièces d'électrum des premières époques, même les plus antiques,
se rencontrent avec les pièces d'or et d'argent de Crésus. L'unique
exemplaire du n° 1 que j'aie vu avait été trouvé dans la plaine de Sardes
avec trois hectés d'or créséennes (n° 23), trois sicles d'argent (n° 25) et
sept demi-sicles ou drachmes (n° 26) de la même série ; cela faisait une
somme précise d'une demi-mine d'argent au poids de Crésus, ainsi
décomposée :

	SICLES	DRACHMES
Statère d'électrum de 14 gr. 52 =	13 1/2 =	27
3 hectés d'or de 1 gr. 36	= 5	= 10
3 sicles d'argent	= 3	= 6
7 demi-sicles d'argent	= 3 1/2 =	7
	25	50

En juillet 1860, un paysan me vendit à Nymphi un petit groupe de
monnaies qu'il venait de découvrir ensemble et que je gardai quelques
mois. Il comprenait une hecté d'électrum de la deuxième époque (n° 7),
une trité d'électrum de la quatrième époque (n° 11), deux sicles d'argent (n° 25), trois tétroboles (n° 27) et trois oboles (n° 28) de Crésus [2] ;

---

[1] C'est la pièce que Burgon désignait avec raison comme la plus ancienne monnaie
d'or qu'il eût jamais vue (*Catal. Th. Thomas*, p. 300, n° 2152). Je n'en connais aussi,
pour ma part, aucune plus antique en véritable or, et non en électrum.

[2] Malheureusement, dans le temps où ces pièces étaient en ma possession j'ai négligé
de prendre le poids exact de celles d'argent, me bornant à relever le poids de celles
d'électrum; j'ai indiqué plus haut celui de l'exemplaire de l'hecté n° 7; quant à la
trité n° 11, j'ai lieu de croire que c'était le même exemplaire qui figura trois ans après
à la vente Ivanoff, car la pesée en était identique.

c'était donc dix sicles ou vingt drachmes d'argent, juste la valeur d'un statère créséen de 8 gr. 17 d'or, se décomposant ainsi :

	SICLES	DRACHMES
Trité d'électrum de 4 gr. 84	= 4 1/2	= 9
Hecté d'électrum de 2 gr. 42	= 2 1/4	= 4 1/2
2 sicles d'argent	= 2	= 4
3 tétroboles d'argent	= 1	= 2
3 oboles d'argent	= 1/4	= 1/2
	10	20

Enfin, à la même époque, on me présenta sur l'emplacement même des ruines de Sardes seize pièces d'argent au type de Crésus trouvées ensemble, onze sicles (n° 25) et cinq demi-sicles (n° 26); ce petit dépôt représentait donc précisément la valeur d'argent contre laquelle s'échangeait, sous le dernier des monarques lydiens, un ancien statère d'électrum de 14 gr. 52 ou bien une de ses propres pièces d'or de 10 gr. 89, 13 $^{1}/_{2}$ sicles ou 27 drachmes. Ces coïncidences ne sont certainement pas fortuites.

Jusqu'ici les numismatistes n'ont accordé d'attention (et encore trop rarement) qu'aux grandes trouvailles de monnaies antiques, d'où l'on a déjà tiré tant de lumières pour le classement chronologique de certaines séries. On néglige complétement l'étude des petits groupes de quelques pièces, souvent des plus communes, que l'on exhume ensemble et qui sont formés de la somme qu'un individu avait dans sa bourse enfouie ou perdue. Pourtant, elle a une grande importance et peut fournir des renseignements infiniment précieux. Pénétré de cette idée, dans le cours de mes six voyages en Orient, toutes les fois que l'on m'a présenté quelques monnaies antiques comme découvertes en groupe et que l'on m'a affirmé que la trouvaille était encore intacte (genre d'occasion qui s'offre fréquemment aux voyageurs), j'ai soigneusement relevé la liste de ces monnaies. J'ai ainsi dans mes notes près de trois cents observations de ce genre, que je publierai quelque jour. Dix-neuf fois sur vingt, quand le dépôt se compose de pièces étrangères, ou en comprend au moins un certain nombre, il représente une somme exacte en les convertissant dans la monnaie du lieu où a eu lieu la découverte ; de même, quand il offre des pièces d'époques et par suite de systèmes différents, la somme totale est aussi une valeur exacte dans le poids des plus récentes, de celles dont l'enfouissement a été contemporain. Je suis donc en mesure d'affirmer dès à présent que c'est en multipliant les observations de cette nature que l'on arrivera à la solution précise de tous les problèmes du change et du cours des monnaies dans l'antiquité.

Aussi je ne saurais trop les recommander aux numismatistes qui voyagent dans les contrées classiques.

Nombreuses, surtout en argent, les monnaies créséennes sont toutes du même style et du même faire. Il est donc évident que si les émissions en ont été très-abondantes, elles ont dû avoir lieu durant une période de temps restreinte. Cependant j'ai peine à croire que la fabrication en ait cessé avec la chute du royaume de Lydie. Les Perses, qui n'avaient pas encore de monnaie d'empire sous Cyrus et Cambyse, n'ont pas dû fermer l'atelier de Sardes après la défaite de Crésus. Ils laissèrent les villes grecques, désormais soumises à leur suzeraineté, continuer le monnayage municipal que les monarques lydiens avaient toléré chez elles. Mais il eût été trop absurde de laisser à ces cités le monopole du bénéfice de la fabrication des espèces monétaires ; on ne saurait l'admettre. Sardes, dépendant au contraire directement du grand roi sans privilége d'autonomie municipale, les profits de son atelier allaient dans les caisses royales. Aussi les Perses durent y continuer pour leur compte la fabrication de pièces d'or ou d'argent qui avait largement contribué à la richesse proverbiale de Crésus, et comme les types de ce roi jouissaient d'une grande faveur sur les marchés, ils durent n'y rien changer d'abord. J'ai donc la conviction que les monnaies créséennes se fabriquèrent encore sous l'autorité des Perses pendant les deux règnes de Cyrus et de Cambyse. Ce qui contribue surtout à m'affermir dans cette opinion, c'est la façon dont les monnaies au type de Crésus forment la transition entre les anciens statères d'électrum de l'Asie-Mineure et les dariques, et dont les plus anciennes dariques se présentent avec tous les caractères extérieurs d'une continuation de la série créséenne. L'atelier de Sardes à une époque plus récente était encore un des principaux ateliers de monnayage des Achéménides, et la Lydie, comme toute l'Asie-Mineure, une des parties de l'empire où la circulation de métal monnayé était la plus considérable; dans les provinces intérieures, l'usage de la monnaie s'était imparfaitement naturalisé et la masse principale des métaux circulait toujours au poids, à l'état brut, comme du temps des empires plus anciens de Babylone et de Ninive. Ainsi, tandis que le Lydien Pythès, tyran de Célènes, possédait 3,993,000 dariques d'or (équivalant à 26,620 talents d'argent) et 2000 talents d'argent en lingots [1], dans le trésor royal de Suse Alexandre trouva une valeur de 40,000 talents d'argent en métaux bruts et seulement une valeur de 9000 talents d'argent en monnaie d'or [2]. Or, la *darique* d'or, comme son nom l'indique,

---

[1] Herodot. VII, 28.
[2] Diod. Sic. XVII, 66; cf. Brandis, p. 249, note 9.

et le sicle médique qui y correspond avec le même type, celui du roi en sagittaire [1], ont commencé seulement à être frappés sous Darius, fils d'Hystaspe [2].

Tous les numismatistes connaissent le système monétaire de la darique. Il comporte deux unités, un statère d'or de 8 gr. 40 et une drachme d'argent de 5 gr. 60 [3] ; les Grecs ont désigné cette drachme sous le nom de σίγλος μηδικὸς [4], mais en réalité c'était à l'origine un demi-sicle, la moitié du statère d'argent ou sicle de 11 gr. 20 que nous rencontrons sur toute la côte méridionale de l'Asie-Mineure, qui était lui-même le 50ᵉ de la mine d'un talent de 33,360 gr. Le statère d'or ou la darique valait 20 drachmes d'argent [5], de telle façon que 5 dariques faisaient une mine d'argent. Ce système a donc ses poids basés sur le même rapport entre la valeur des deux métaux que dans celui de Crésus. Seulement, tandis que dans ce dernier l'étalon d'argent était comme valeur courante le dixième de celui d'or, on revient entre les étalons des deux métaux à la proportion de valeur : : 20 : 1 et de poids : : 20 : 13 ¹/₃ qui existait avant le monarque lydien entre le statère d'or de 16 gr. 36 et le statère ou sicle d'argent de 10 gr. 90. En outre, Darius établit l'étalon de son statère d'or et celui de sa drachme d'argent sur un pied un peu différent de ceux du statère d'or et de la drachme d'argent de Crésus. Ce prince était parti des poids en usage dans son pays, c'est-à-dire de la base du talent comprenant 3,000 fois le statère pondéral *babylonien* de 16 gr. 36 dans la série forte, et de 8 gr. 18 dans la série faible. En Perse, au contraire, on avait pris l'habitude d'employer pour l'or le talent que les Grecs appelèrent *euboïque* [6], de 25,245 gr., à la mine de 420 gr. 7 et à la drachme de 4 gr. 207, produit de la multiplication par 3,000 du statère pondéral *assyrien* de la série faible, ou statère de 8 gr. 415. A ce talent d'or, pour avoir le rapport décimal de valeur entre les étalons des deux métaux, correspondait le talent d'argent de 33,660 gr., à la mine de 561 gr. et à la drachme de 5 gr. 61. C'est là que le grand souverain perse prit les deux unités de son système monétaire dans les deux métaux.

---

[1] C'est ce qu'on appelait *le type de Darius*, δαρεικὸς χαρακτήρ, Diod. Sic. *l. c.*

[2] Voy. Brandis, p. 217 et suiv.

[3] Je prends ici les taux les plus élevés, ceux des premières émissions, car plus tard, dans la décadence de la monarchie des Achéménides, la monnaie perse subit un très-fort abaissement.

Voy. les textes littéraires et épigraphiques que j'ai rassemblés dans la *Revue numismatique*.

[5] Harpocrat. vᵒ δαρεικός ; Xenoph., *Anabas.* I, 7, 18 ; cf. Vasquez Queipo, *Systèmes métriques et monétaires*, t. I, p. 300 ; Brandis, p. 62 et suiv.

Herodot. III, 89 et suiv.

La substitution du statère d'or de 8 gr. 40 à celui de 8 gr. 17 et de la drachme d'argent de 5 gr. 60 à celle de 5 gr. 445 amena nécessairement sous Darius la démonétisation des anciens statères d'électrum des rois de Lydie et des villes grecques, au poids de 14 gr. 52, ainsi que de leurs divisions, puisqu'elles n'offraient plus un rapport exact avec les nouvelles pièces. Mais les monnaies créséennes d'or et d'argent restèrent dans la circulation. J'ai montré tout à l'heure que l'on trouvait des dépôts comprenant des pièces primitives d'électrum et des monnaies créséennes; de même on rencontre d'autres dépôts monétaires où des espèces du système de Crésus, aux parties antérieures de lion et de taureau, sont mêlées à des espèces du système de Darius, au sagittaire [1]. Mais jamais on ne découvre ensemble des monnaies d'électrum taillées sur le statère de 14 gr. 52 et des dariques d'or ou des drachmes d'argent correspondantes. Il n'y a pas non plus une seule pièce d'électrum du système lydo-phénicien frappée en Asie-Mineure après Darius; dans toute cette contrée on ne fabriqua plus sous les Achéménides que de l'or taillé sur la darique et de l'électrum de poids phocaïque, en même temps que de l'argent taillé sur la drachme de 5 gr. 60 ou sur celle de 3 gr. 73. Avant la confusion que produisit, à partir du règne d'Artaxerxe Longue-Main, l'abaissement progressif et rapide de la monnaie du Grand Roi et qui amena certainement de grandes fluctuations de change entre les monnaies provinciales et la monnaie commune de l'empire [2], quand le système de Darius était encore intact, si la pièce d'or du poids de la darique valait 20 drachmes d'argent de 5 gr. 60 et 30 drachmes de 3 gr. 73, le statère phocaïque d'électrum devait circuler pour 31 drachmes et 1 obole [3] de la taille de 5 gr. 60 et 46 drachmes 4 oboles de la taille de 3 gr. 73.

Rigoureusement la darique de 8 gr. 40 devait valoir 3 oboles d'argent de plus que le statère de Crésus de 8 gr. 17, la drachme d'argent correspondante $\frac{1}{36}$ de plus que la drachme de Crésus; on aurait dû par conséquent exiger 36 statères de Crésus contre 35 dariques, 36 drachmes du roi lydien contre 35 drachmes du roi de Perse. Mais, par une tolérance évidemment restreinte au territoire de la Lydie, car étendue ailleurs elle aurait été trop désavantageuse au gouvernement achéménide, on admit les pièces créséennes à circuler pour une valeur égale à celle des pièces perses, le statère pour une darique, la drachme pour un

---

[1] Voy. mon *Catalogue Behr*, p. 150.
[2] Voy. Brandis, p. 263 et suiv.
[3] Peut-être pour 31 drachmes en chiffres ronds, afin de donner une prime d'une obole à la monnaie officielle de l'empire.

σίγλος μηδικός . C'est une tolérance semblable qui faisait accepter à Athènes la darique pour un statère attique [1], bien qu'elle ne fût que de 8 gr. 40 et le statère d'Athènes de 8 gr. 64.

Ce que je viens d'énoncer au sujet du cours des monnaies créséennes sous Darius et Xerxès me paraît résulter des faits suivants. On trouve assez souvent des monnaies et d'autres objets de travail perse [2] dans le marais de Marathon, où tant de soldats de Mardonius furent engloutis dans leur défaite. Les monnaies, à ma connaissance du moins, sont toujours des dariques d'or, car c'est en or que se payait la solde des troupes de terre au service des Achéménides [3]. La première fois que je visitai cette localité historique, au mois de novembre 1859, en compagnie de mon père et de M. Rhangabé, un paysan du hameau de Kato-Souli nous apporta cinq pièces d'or qu'il avait récemment amenées ensemble à la lumière, quatre dariques d'or et un statère créséen (n° 21); c'était la bourse d'un soldat ou d'un bas officier de l'armée perse, noyé dans le marais, juste la valeur d'une mine d'argent. Il est manifeste que le statère créséen avait été reçu par ce personnage dans sa paye sur le même pied que les dariques d'or qui l'accompagnaient.

Un dépôt bien autrement considérable comme nombre, et double comme valeur monétaire intrinsèque, découvert dans la plaine de Sardes, a passé tout entier entre mes mains, dans le mois de septembre 1863, à Athènes, où il avait été apporté par un orfévre juif de Smyrne. Il se composait de 178 pièces d'argent, dont la somme totale donnait 2 mines du poids adopté pour ce métal dans l'empire perse. Or, la trouvaille se décomposait ainsi :

145 pièces au type du sagittaire :	145
22 sicles de Crésus, qui, pris comme d'une valeur double, donnaient :	44
11 demi-sicles ou drachmes de Crésus :	11
	200 ou 2 mines.

Il est donc incontestable qu'encore dans cet exemple les monnaies créséennes, bien qu'un peu plus faibles de poids que la monnaie perse, entraient dans la somme totale avec une valeur de circulation égale.

---

[1] Harpocrat. v° δαρεικός.

[2] Par exemple le pendant de collier de doryphore que possède le Cabinet de France et un cylindre que j'ai vu à Athènes.

[3] Xenoph. *Anabas.* I, 3, 21; VII, 61; V, 6, 23.

Les monuments numismatiques semblent prouver qu'au contraire la solde des marins de la flotte, en grande majorité Phéniciens, se payait en argent.

Je devrais m'arrêter ici. Pourtant je ne veux pas terminer ce travail sans rectifier une erreur dont je me suis jadis rendu coupable. Il y a quelque vingt ans maintenant que j'ai publié mon *Essai sur le classement des monnaies d'argent des Lagides ;* j'étais terriblement jeune alors ; j'avais toute l'inexpérience et aussi toute l'audace de mon âge, et je me lançais sans douter de rien, et sans préparation suffisante, dans l'étude de problèmes qui présentent encore aujourd'hui d'énormes difficultés, après les travaux des Vasquez Queipo, des Mommsen et des Brandis, et qui alors étaient presque inabordés. Que je m'y sois trompé souvent, c'est ce qui est incontestable, et ce qui ne pouvait manquer de se produire. Lorsqu'il m'arrive aujourd'hui de reprendre ce volume, il me semble que ce ne serait pas assez de le classer dans mes *juvenilia*, mais presque dans des *puerilia*. Les bonnes âmes qui depuis ont trouvé moyen de m'accuser de temps à autre de bien autres choses, plagiat, falsifications, etc. et auxquelles je n'ai répondu et ne répondrai jamais que par le mépris, — ces bonnes âmes murmuraient alors sous le manteau que c'était mon père qui faisait mes travaux ! Naturellement ils ne les avaient pas lus, car à chaque ligne ils y auraient vu le cachet d'un garçon de dix-huit ans. Pourtant il y a dans le volume dont je parle quelques bonnes choses, que le temps et le progrès des études a confirmées, mais mêlées à beaucoup plus d'erreurs.

J'y ai déjà touché à la question des monnaies lydiennes, et j'ai eu raison d'attribuer dès lors à la série royale de cette contrée les deux gros statères d'électrum décrits plus haut sous les nᵒˢ 10 et 14. Mais c'est tout à fait à tort que j'y ai joint la pièce de véritable or dont la gravure est reproduite sous le nᵒ 11 dans la planche jointe au présent mémoire. Cette pièce, que possède le Cabinet de France, pèse 2 gr. 23, et est d'un travail extraordinairement grossier. Elle présente au droit un carré en relief, dont la surface offre comme des impressions irrégulières et certainement fortuites ayant une certaine apparence de traits cunéiformes ; on dirait des coups de ciselet donnés au hasard pour s'assurer que la pièce n'était pas fourrée. Au revers on voit un carré creux de la même dimension, dans le fond duquel on devine une sorte de pentagone irrégulier.

Je m'étais imaginé[1] que le droit portait le nom de Cyrus en caractères cunéiformes du second système. C'était une pure illusion, et elle m'a été sévèrement reprochée par M. Mommsen et par Brandis. Le fait est qu'il n'y a rien de semblable, et que la pièce n'est certainement pas

---

[1] *Monnaies des Lagides,* p. 152.

de la série lydienne. Elle n'en a ni l'aspect, ni la forme, ni le travail, ni le métal, puisqu'il n'y a jamais d'or pur dans ce pays, non plus que dans le reste de l'Asie-Mineure, avant Crésus. Elle n'est même pas d'Asie; l'or en est celui des pièces de Philippe II de Macédoine, de Thasos, de Crénides (à la légende ΘΑΣΙΟΝ ΗΠΕΙΡΟ) et de Philippes, c est-à-dire celui de la région thraco-macédonienne, qu'on tirait des mines du pays même et qui diffère sensiblement d'aspect de l'or de l'Asie-Mineure.

La monnaie en question appartient sans contestation possible à un groupe de pièces parfaitement déterminé, dont je connais encore les échantillons suivants :

2 [1]. Carré en relief à la surface irrégulière, avec des croissants dans les quatre angles.

℞. Carré creux grossier de la même dimension que le carré en relief de l'autre face.

Or. Poids : Cabinet de France : 1 gr. 26 et 1gr. 23. Ancienne collection Borrell : 1gr. 26 et 1 gr. 19.

Catalogue Borrell, n°s 37 et 38.

3. Carré en relief à la surface irrégulière.

℞. Carré creux grossier de la même dimension.

Or. Poids : 1 gr. 54. Ancienne collection de M. Lysimaque Kaftandjioglou Tavernier[2].

4. Même carré en relief.

℞. Même carré creux.

Or. Poids : 0 gr. 77. Même collection.

5. Même carré en relief.

℞. Même carré creux.

Or. Poids : Ancienne collection du baron Behr : 0 gr. 65 et 0 gr. 62. En ma possession : 0 gr. 63. Ancienne collection Borrell : 0 gr. 61 et 0 gr. 60.

---

[1] Je réserve le n° 1 pour la pièce n° 11 de la pl. VIII.

[2] J'ignore ce qu'est devenue aujourd'hui cette collection, formée principalement quand feu M. L. K. Tavernier était consul à Salonique, qui renfermait une série très-curieuse de monnaies de la Macédoine. Une partie des papiers de cet honorable agent de France avait passé aux mains de son ami M. Constant-Dufeux, et c'est par lui que j'ai eu les estampages d'inscriptions susiennes que j'ai publiées dans le 2e fascicule de mon *Choix de textes cunéiformes inédits*. Mais je n'ai pas pu retrouver trace du sort des médailles.

Catalogue Behr, *Supplément*, n° 2; *Catalogue Borrell*, nᵒˢ 35
et 36.

6. Même carré en relief.
    ℞. Même carré creux.
    Or. Poids : 0 gr. 325. En ma possession.

7. Carré en relief avec quatre points en relief vers les angles.
    ℞. Carré creux grossier.
    Or. Poids : 1 gr. 315. Ancienne collection L. K. Tavernier.

8. Demi-cercle de points sur une surface irrégulière et bombée.
    ℞. Carré creux grossier et profond.
    Or. Poids : 1 gr. 34.
    Catalogue Whittall, n° 108.

9. Trois gros points en relief sur une surface irrégulière et bombée.
    ℞. Même carré creux.
    Or. Poids : 1 gr. 345. Collection Philémon à Athènes.

10. Un gros point en relief au centre d'une surface irrégulière et bombée
    ℞. Carré creux grossier.
    Or. Poids : 0 gr. 305. En ma possession.

11. Tête de poisson.
    ℞. Carré creux grossier.
    Or. Poids : Ancienne collection Borrell : 0 gr. 65 et 0 gr. 64.
    Ancienne collection Whittall, 0 gr. 63.
    Catalogue Borrell, nᵒˢ 41 et 42; *Catalogue Whittall*, n° 108.

12. Tête de poisson et tête de coq (?)
    ℞. Carré creux grossier et profond.
    Or. Poids : 1 gr. 34.
    Catalogue Whittall, n° 107.

Il n'y a pas, dans toute la série grecque, de pièces plus grossières et
plus barbares que celles-ci. Toutes celles dont je viens de donner la
liste ont été trouvées dans une même région, qui s'étend depuis
Salonique, d'un côté, jusqu'à Cavala, de l'autre. Ce sont les monnaies
d'or qui ont été fabriquées sur les mines mêmes par les peuplades
barbares indigènes du mont Pangée. Et ce qui confirme cette attribution, avec la provenance constante, c'est que des pièces tout à fait
analogues, du même aspect, du même or, de la même fabrique, mais

un peu moins rude, rentrant dans la série des mêmes poids, offrent aux regards la tête de cheval de Maronée [1] et le masque de Gorgone de Daton [2].

Les poids constatés appartiennent à six tailles échelonnées et toutes extrêmement petites :

2 gr. 23. 1 gr. 54. 1 gr. 345. 1 gr. 19. 0 gr. 77. 0 gr. 65 — 0 gr. 60. 0 gr. 335 — 0 gr. 305.

Toutes ces espèces sont un peu au-dessous du taux originel, les pièces ayant plus ou moins perdu par le frai. En les comparant entre elles et en recherchant leur commensurabilité réciproque, on est amené à restituer ainsi les six tailles dans leur plénitude du moment où elles furent frappées : 2 gr. 34. 1 gr. 56. 1 gr. 349. 0 gr. 78. 0 gr. 674. 0 gr. 337.

Il y a là deux séries : 2 gr. 34, 1 gr. 56, 0 gr. 78, qui sont entre eux dans le rapport de 1, $^2/_3$ et $^1/_3$, puis 1 gr. 349, 0 gr. 674, 0 gr. 337 qui sont entre eux 1, $^1/_2$ et $^1/_4$. Mais le rapport entre ces deux groupes parallèles paraît au premier abord difficile à saisir. On ne s'en rend compte que par la comparaison avec les monnaies d'argent correspondantes, celles auxquelles il faut joindre ces pièces d'or dans le système du classement géographique.

Ces monnaies d'argent sont celles, bien connues de tous les numismatistes, qui portent le nom des Orresciens, peuple que Leake a démontré, à mon avis d'une manière définitive, être le même que les Satres, possesseurs aux vi[e] et ve siècles avant l'ère chrétienne des principaux gisements d'or et d'argent du Pangée, ou le nom des Létéens, leurs proches voisins, qui employaient des types très-analogues, et même, à un certain moment, un type identique. J'y joins les monnaies au nom des rois des Édoniens, Gétas et Derrhonicus, enfin les grosses pièces, toujours coulées, que M. Bompois attribue aux Odomantes. Ce sont là les espèces d'argent des nations indigènes et très-imparfaitement civilisées situées entre le Bertiscus et le Nestus, qui ont frappé également les espèces d'or dont je parle. Elles sont aussi anciennes et la majeure partie de celles des Orresciens et des Létéens presque aussi barbares.

Le système de ces monnaies d'argent repose sur l'emploi simultané d'un sicle babylonico-médique de 10 gr. 548 et d'une drachme lydophénicienne de 7 gr. 032, ces deux étalons, comme on le voit, légèrement plus faibles qu'ils n'étaient en Asie-Mineure.

---

[1] *Catalogue Borrell*, n° 40.

[2] *Catalogue Borrell*, n° 39. La ville de Daton est celle qui reçut plus tard le nom de Néopolis.

	POIDS LES PLUS FORTS CONSTATÉS	TAUX INTÉGRAL RÉTABLI THÉORIQUEMENT	RAPPORTS RÉCIPROQUES EN PRENANT POUR UNITÉ		
			LE SICLE BABYLONICO-MÉDIQUE	LA DRACHME LYDO-PHÉNICIENNE	1/6 OU OBOLE DE LA DRACHME LYDO-PHÉNICIENNE
Anépigraphes coulées des Odomantes.	40 gr. 85	42 gr. 19	4		36
Au nom de Derrhonicus.	40 gr. 50				
Au nom de Derrhonicus.	34 gr. 50	35 gr. 160	3 1/3	5	30
Anépigraphes coulées des Odomantes.	34 gr. 35				
Au nom des Oresciens.	28 gr. 13	28 gr. 13	2 2/3	4	24
Au nom de Gétas.	27 gr. 70				
Anépigraphes au type des Létéens.	10 gr. 41				
Au nom des Létéens.	10 gr. 33	10 gr. 548	1	1 1/2	9
Au nom des Oresciens.	10 gr. 22				
	*	7 gr. 032	2/3	1	6
Anépigraphe au type des Létéens.	3 gr. 90	3 gr. 955	3/8	Je me dispense d'indiquer ces rapports trop compliqués pour avoir en une utilité pratique.	3 3/8
Anépigraphe au type des Létéens [1].	2 gr. 55	2 gr. 637	1/4		2 1/4
Anépigraphe au type des Létéens [2].	1 gr. 30	1 gr. 318	1/8		1 1/8
Anépigraphe au type des Oresciens [3].	1 gr. 17	1 gr. 172	1/9	1/6	1

Les Orresciens et les Létéens ont en commun la pièce de 10 gr. 548. Mais pour les seconds elle est l'unité, pour les premiers 1 $^1/_2$ fois l'unité, qui chez eux est la drachme lydo-phénicienne de 7 gr. 032 [4]. Les

---

[1] Ancienne collection L. K. Tavernier.

[2] Vue en 1863 chez Sotiris Laphassanis, marchand d'antiquités à Athènes.

[3] Centaure agenouillé à droite. R/ Carré creux irrégulier, avec traces d'une division par deux lignes diagonales croisées à l'intérieur. Ancienne collection L. K. Tavernier.

[4] Un peu plus tard, au temps des pièces qui, les unes avec le nom des Létéens, les autres avec celui des Orresciens, offrent au droit un Centaure enlevant une femme et au revers un casque dans le carré creux, l'unité commune des Létéens et des Orresciens devient le sicle ou statère d'argent babylo-médique abaissé à 9 gr. 80 (la pesée la plus forte constatée est 9 gr. 77). Alors les divisions de cette pièce, divisions anépigraphes et que l'un et l'autre peuple peuvent également revendiquer, sont le sixième de 1 gr. 665 (les pesées relevées par moi vont de 1 gr. 56 à 1 gr. 05, suivant l'état des exemplaires), et le huitième de 1 gr. 225 (pesées allant de 1 gr. 20 à 0 gr. 93 suivant

Orresciens multiplient cette unité par 1 $^1/_2$, 4 et 5 (pièces de 10 gr. 548, 28 gr. 13 et 38 gr. 160) [1]; les Edoniens et les Odomantes vont même jusqu'à la multiplication par 6 (pièce de 42 gr. 19). Quant à la division de leur unité de 7 gr. 032, les Orresciens ne l'opèrent que par sixièmes de 1 gr. 17. Pendant ce temps les Létéens divisent leur unité de 10 gr. 548 par quarts de 2 gr. 637, huitièmes de 1 gr. 318, et pièces de $^3/_8$ ou un quart et demi, de 3 gr. 955. Pour eux, l'obole lydo-phénicienne des Orresciens était $^1/_9$ de leur unité. Les monnaies de deux peuples pouvaient donc circuler de l'un chez l'autre avec les valeurs respectives indiquées dans le tableau qui vient d'être donné.

Si maintenant nous cherchons à établir l'équivalence des monnaies d'or dont j'ai donné la liste et restitué les tailles intégrales, en ces monnaies d'argent, il nous est facile de constater que le rapport des deux métaux était : : 13 $^1/_2$: 1 dans le pays où elles ont été frappées ; et que par suite la pièce d'or de 2 gr. 34 correspond à 3 pièces d'argent de 10 gr. 548, celle de 1 gr. 56 à deux, et celle de 0 gr. 78 à une. Ces dernières équivalent en même temps à 3 et à 1 $^1/_2$ unités de 7 gr. 032. Toutes les autres pièces d'or représentent des nombres exacts d'oboles lydo-phéniciennes de 1 gr. 172 ($^1/_9$ de la pièce de 10 gr. 548, $^1/_6$ de la pièce de 7 gr. 032).

TAILLES D'OR	VALEURS D'ARGENT :		
	en pièces de 10 gr. 548	en pièces de 7 gr. 032	oboles de 2 gr. 172
2 gr. 34	3	4 1/2	27
1 gr. 56	2	3	18
1 gr. 349	1 7/9	2 2/3	16
0 gr. 78	1	1 1/2	9
0 gr. 674	8/9	1 1/3	8
0 gr. 337	4/9	2/3	4

Ces rapports sont trop compliqués pour être entrés dans le mon-

la conservation). Ces deux tailles se distinguent par une variation dans le type: Une pièce de la même époque, de la collection de Luynes, ayant au droit un satyre agenouillé et au revers une tête de lion dans un carré, pèse 3 gr. 53 et doit avoir un peu perdu, car elle est légèrement usée; c'était une taille de $^3/_8$, équivalent à trois des plus petites divisions.

[1] Il est probable que l'on retrouvera quelque jour le multiple par 2, comme la drachme de 7 gr. 032 elle-même, qui manque en original et pourtant est la base de toute la série.

nayage d'un seul et même peuple. Ce sont ceux qui existent entre les monnaies de deux peuples voisins, basées sur des unités différentes, mais ayant des points de repère communs qui en rendent les tailles commensurables entre elles et permettent aux espèces de l'un de circuler chez l'autre et réciproquement, en y représentant une valeur exacte, bien qu'étrangère à l'échelle normale d'après laquelle se divise ou se multiplie l'unité.

J'ai déjà reconnu plus haut deux séries de poids des monnaies d'or, celles qui, comparées à l'obole d'argent lydo-phénicienne de 1 gr. 172 en valent 27, 18 et 9, et celles qui en valent 16, 8 et 4. Dans la première série rentrent nos n°s 1, 3 et 4; dans la seconde, les n°s 2, 7, 8, 9, 12, 5, 11, 6 et 10. Il n'y a pas, du reste, de différence sensible d'aspect entre les n°s 1, 3, 4 et les n°s 5, 6; mais on doit remarquer que toutes les pièces qui offrent au droit quelques symboles sur les carrés en relief (n°s 2 et 7) ou sur la convexité prononcée du flan (n°s 8-12), appartiennent à la seconde série. Ce sont là deux groupes numismatiques que les pesées seules distinguent d'une manière bien nette, mais dont elles caractérisent la divergence d'une manière assez accusée pour obliger de les attribuer à deux peuples différents, quoique assez voisins, pour expliquer l'étroite différence entre toutes les pièces.

Quels sont ces deux peuples? Entre ceux qui ont frappé les espèces d'argent dont nous avons dû rapprocher ce monnayage d'or, je crois que notre choix peut être fixé avec certitude.

Les Édoniens et les Odomantes doivent être mis hors de cause; l'existence chez eux de l'énorme taille d'argent de 42 gr. 19, ou 6 drachmes lydo-phéniciennes, exclut la possibilité d'aussi faibles coupures d'or, et peut-être même de tout monnayage de ce métal. Au contraire, le premier groupe que nous avons formé (n°s 1, 3 et 4) se rattache naturellement aux monnaies d'argent des Létéens, puisqu'il correspond à 3, 2, et 1 fois leur unité. Je n'hésite donc pas à le leur attribuer. S'il comportait une pièce plus forte qui n'a pas encore été découverte, c'était certainement un statère lydo-phénicien de 14 gr. 40, dont la taille de 2 gr. 34 était l'hecté; à supposer qu'il existât, il valait 18 unités d'argent de 10 gr. 548, et en même temps chez les Orresciens il pouvait être admis à circuler pour une valeur de 27 de leurs drachmes d'argent lydo-phéniciennes de 7 gr. 032.

C'est aux Orresciens que j'attribue le second groupe (n°s 2 et 5-12), car les tailles s'en rapportent exactement à leurs monnaies d'argent. Elles sont 2/3, 1/3 et 1/6 du tétradrachme lydo-phénicien de ce peuple, pesant 28 gr. 13. La taille de 1 gr. 349 d'or, dont les deux autres sont 1/2 et 1/4, équivaut en effet, avec le rapport :: 13 1/2 : 1

entre les deux métaux, à 16 oboles lydo-phéniciennes de 1 gr. 172.
En même temps, c'est l'hecté d'un statère phocaïque un peu faible
(comme le sont aussi l'étalon babylonico-médique et l'étalon lydo-phénicien dans l'argent des mêmes peuples), du poids de 16 gr. 188, qui
aurait valu 8 tétradrachmes d'argent de 28 gr. 13 chacun. Et ce statère
d'or paraît bien avoir eu une existence réelle. Cadalvène a publié [1] une
pièce d'or au type ordinaire des Orresciens, le Centaure enlevant une
femme, dont il n'a malheureusement pas donné le poids et dont on
ignore le sort actuel; mais le module en est précisément le module ha-
bituel du gros statère phocaïque. Un statère de cette coupe, qui chez les
Orresciens, où il était frappé, représentait 32 unités d'argent ou drachmes
lydo-phéniciennes de 7 gr. 032, pouvait en même temps être admis chez
les Létéens pour la valeur de 21 1/3 de leurs unités d'argent de
10 gr. 548, en même temps que chez les Edoniens et les Odomantes il
circulait sur le même pied que dans les pays d'émission.

J'ajoute que l'attribution de ces petites pièces d'or aux Orresciens, en
révélant qu'ils avaient dans ce dernier métal une division presque micros-
copique de la valeur de 2/3 de la drachme d'argent ou 4 oboles (de
beaucoup la plus petite monnaie d'or que l'on rencontre chez aucun
peuple de l'antiquité), nous explique comment en argent on ne rencontre pas chez eux jusqu'ici de division de la drachme au-dessus de
1/6. Pourtant il est assez probable qu'ils avaient aussi le diobole d'argent (que l'on n'a pas encore retrouvé), de manière à diviser normale-
ment leur drachme par 2/3 (en or), 1/3 (en argent) et 1/6 (en argent),
ou 4, 2 et 1 oboles.

La rectification de l'erreur commise dans mes *Monnaies des Lagides*
m'a entraîné un peu loin, mais j'ai pensé que le lecteur trouverait
quelque intérêt à l'étude de ce monnayage d'or primitif et si particulier de la région du Pangée.

P.-S. — Comme il restait encore de la place sur la pl. VIII, j'en ai pro-
fité pour faire graver trois pièces inédites de l'Asie Mineure, qui font
partie des admirables trésors du Musée Britannique.

La première (n° 12) est un cyzicène d'ancien style, chose toujours assez
rare, dont le Cabinet de France possède, du reste, un autre exemplaire
(exactement le même poids : 16 gr. 03) dans les cartons de la collection
de Luynes; le n° 1774 du *Catalogue de Th. Thomas* me paraît avoir été
un troisième exemplaire. L'hecté correspondante existe deux fois au
Cabinet des médailles, dans l'ancien fonds (pesant 2 gr. 70) et dans la

---

[1] *Recueil de médailles grecques,* p 76, vignette 1.

4

collection de Luynes (pesant 2 gr. 67). La figure féminine ailée, au front ceint d'une stéphané et aux longs cheveux tombant vers les épaules, qui apparaît sur ces pièces, courant plutôt que s'agenouillant sur la gauche et retournant la tête à droite, tenant dans sa main droite le thon caractéristique de l'atelier de Cyzique et relevant de la gauche sa longue robe, est sans contestation possible *Nicé* ou la Victoire.

Les deux autres monnaies (n⁰ˢ 11 et 14) sont plus intéressantes et me semblent ouvrir une nouvelle série dans l'or asiatique. De poids phocaïques toutes les deux (le n° 13 pèse 16 gr. 32, et le n° 14 : 16 gr. 30), elles offrent cette particularité exceptionnelle de ne pas être en électrum comme presque toutes les pièces connues du même poids, mais en véritable or, un peu pâle seulement. La taille en a donc été copiée sur les statères phocaïques que Milet frappa dès une époque très-ancienne avec un or analogue.

Les deux pièces ont été certainement frappées dans deux villes très-voisines d'une même contrée. Elles ont le même aspect, la même forme de flan, au revers le même carré creux, petit pour le champ dans lequel il est empreint; au fond était certainement le même symbole, que l'on ne parvient à distinguer clairement ni sur l'une ni sur l'autre. A gauche de ce carré creux, toutes deux en présentent un autre, encore plus petit et moins profondément imprimé, qui semble presque une contremarque; il n'est bien venu que sur le n° 13, où l'on reconnaît clairement dans le fond un insecte sans ailes ou un coléoptère allongé à grandes antennes.

Ces monnaies n'appartiennent certainement ni à la Mysie, ni à l'Éolie, ni à l'Ionie, ni aux villes doriennes de la côte de Carie, ni aux îles voisines de ces différentes contrées. Il faut donc en chercher la patrie sur le littoral méridional de l'Asie-Mineure. Les types du droit de l'une et de l'autre reportent à la Lycie. Sur le n° 14 nous voyons la Chimère, le monstre mythologique dont on plaçait constamment la demeure dans cette contrée [1], qui y tenait le premier rôle dans les traditions nationales et symbolisait des phénomènes volcaniques signalés par un grand nombre d'écrivains de l'antiquité [2]. Sur le n° 13, le poisson, tout à fait différent du thon de Cyzique, semble un poisson d'eau douce, un brochet ou un bar; la bandelette perlée et fleuronnée à ses deux extrémités, qui l'accompagne élégamment, le caractérise comme un animal

---

[1] Homer. *Iliad.* 180 et suiv.; 328; Apollodor. II, 3, 1; cf. Preller, *Griechische Mythologie*, 2ᵉ édition, t. II, p. 82 et s.; Maury, *Histoire des religions de la Grèce*, t. I, p. 360; t. III, p. 188.

[2] Plin. *Hist. nat.* II, 236; 100; cf. Scyl. *Peripl.* 100; Senec. *Epist.* LXXIX, 3; Palæphat. *De incredib.* 29.

sacré. Dès lors il est bien difficile de ne pas se souvenir de ces fameux poissons de Myra en Lycie, consacrés au dieu solaire que les Grecs assimilèrent à leur Apollon; ils étaient élevés dans un bassin et fournissaient des oracles par la manière dont ils venaient à la surface, appelés par le son de la flûte [1]. Sans doute ils étaient parés de bijoux, comme les poissons élevés à Mylasa de Carie, dans l'enceinte de Zeus Labrandeus, qui avaient des pendants d'oreilles passés dans les ouïes [2].

Je suis donc porté à voir dans ces deux pièces des monuments du monnayage d'or primitif de la Lycie, totalement inconnu jusqu'à ce jour. Les plus anciennes pièces d'argent de ce pays, au type de la partie antérieure du sanglier (la tête sur les divisions), qui figuraient dans le trésor de Myt-Rahyneh [3] et par conséquent remontent au vi[e] siècle, ont pour étalon fondamental un statère euboïque [4] légèrement forcé d'environ 8 gr. 67 [5]. Un peu plus tard, sous les Achéménides, le poids du statère d'argent lycien s'élève à 8 gr. 89 [6], et treize de ces pièces se donnaient alors pour une darique d'or [7]. Il y a le même rapport entre le poids de la drachme que supposent nos deux statères d'or sur le pied phocaïque, dont le plus lourd pèse 16 gr. 32, tout en ayant sensiblement perdu par le frai, et la darique, qu'entre le statère d'argent de 8 gr. 67 et celui de 8 gr. 89. Il semble que nous saisissions ainsi sur le fait une augmentation de l'étalon d'argent parallèle à celle de l'étalon d'or et en ayant été la conséquence, de manière à permettre de donner toujours treize ou vingt-six pièces d'argent pour la pièce d'or simple ou double. Et ici je vois une confirmation décisive de l'attribution des deux monnaies du Musée Britannique à la Lycie. En effet, les Lyciens avaient une prédilection particulière pour le nombre 13, et en général dans tous les ordres de mesures ils avaient soin de procéder en employant treize unités, comme le prouve l'étude de leurs monuments [8].

Avril 1875.

---

[1] Plin. *Hist. nat.* XXXII, 2, 8; Polycharm. *ap.* Athen. VIII, p. 333.
[2] Ælian. *Hist. anim.* XII, 30; cf. Plin. *Hist. nat.* XXXII, 2, 7.
[3] Sur ce dépôt d'une importance capitale, voy. de Longpérier, *Revue numismatique*, 1861, p. 414 et suiv.
[4] Voy. Brandis, p. 203.
[5] Maximum fourni par la pièce n° 397 du *Catalogue Ivanoff*.
[6] Brandis, p. 151.
[7] Brandis, p. 345.
[8] Sharpe, dans Fellows, *Account of discoveries in Lycia*, p. 483, pl. 36, n° 12 ; Lassen, *Zeitschr der deutsch. Morgenl. Gesellsch.* t. X (1856), p. 350.

9 782013 360302